1円も出さずに全国展開する方法

フランチャイズの処方箋

フランチャイズ・プロデューサー
竹村義宏
TAKEMURA YOSHIHIRO

幻冬舎

フランチャイズは劇薬だ！

霊験あらたかな妙薬にもなれば、
死に至る毒薬にもなる。

フランチャイズは**大企業が真似できない弱者の戦略。**

商店経営者や脱サラ組にとっては新規事業への
参入障壁をすり抜ける魔法の扉。

フランチャイズドリーム実現のために
知っておきたいウソとホント。

この本を読まずに手を出せば、**深いドツボ**が待っている。

はじめに

フランチャイズの成長が止まらない

フランチャイズについてのさまざまな誤解を解きたいと思ったのが、この本を出すきっかけです。ところがいくら考えたところで、フランチャイズの歴史などの紹介はできても、体系的かつ系統的にフランチャイズとは何かを紹介することができないのです。

フランチャイズ産業という言葉が独り歩きしていますが、あらためて気づかされたのは、**フランチャイズは産業なのではなく、さまざまな産業の中にフランチャイズ方式が深く浸透してきた**のだという現実でした。まずは、その現状を見てください。

「日本フランチャイズチェーン協会（ＪＦＡ）」という社団法人があります。会員社に所属する店舗数は13万店を超え、会員社の売上総額は15兆４７９億円を超えるほどの巨大な業界組織です。そのＪＦＡの調査資料をもとに、10年ごとの店舗数と売上額の推移を書き出してみました。

１９８６年　９万９５７９店舗（5兆１６０８億円）
１９９６年　17万７１９６店舗（14兆１８１８億円）
２００６年　23万５４４０店舗（19兆６０３６億円）
２０１６年　26万３１０９店舗（25兆９７４億円）

これが２０１７年度までの30年間のフランチャイズの店舗数と売上金額の推移です。この間には、バブルの崩壊以降の失われた20年があり、東日本大震災も、リーマンショックもありました。我が国におけるＧＤＰが横ばいを続けた時期です。それにもかかわらず、**フランチャイズ関連の店舗数は２・６倍、売上に至っては４・９倍に急成長しています。**

代表格はなんといってもコンビニ業界

フランチャイズという言葉から、多くの人が連想するのはコンビニでしょう。とくに**「セブン-イレブン」抜きにはコンビニ業界も語れないし、フランチャイズも語れません。**

東京・豊洲に「セブン-イレブン」の1号店ができたのは1974年です。「セブン-イレブン」は、その翌々年までの2年間で一気に100店舗を出店しました。「セブン-イレブン」の成功を目にしたダイエーなどのスーパーもコンビニ業界に進出します。

それから10年が過ぎた1986年、コンビニ業界のフランチャイザー（フランチャイズ主宰者）は30社に増えました。

1986年　9569店舗（1兆2152億円）
1996年　3万1415店舗（5兆1983億円）
2006年　4万3087店舗（7兆4584億円）
2016年　5万7818店舗（10兆8307億円）

これが１９８６年以降、10年ごとのコンビニ店舗数と売上金額です。フランチャイズ全体の伸び率を上回り、30年間で６倍の店舗数と８・９倍の売上増になっています。この凄まじい増加数を見れば、「フランチャイズ＝コンビニ」と思われてもやむを得ないようにも思います。

すべての産業へ広がるフランチャイズ方式

セントラルキッチン方式を取り入れた、ラーメン店などのフランチャイズ。さらにはナレッジコンクール（Ｐ62）などによって効率化を実現してきた「牛角」など飲食店のフランチャイズ。多店舗展開によるドミナント効果で知名度や信用力を上げ、自動車や貴金属を買い取る「ガリバー」や「おたからや」などのフランチャイズ。フランチャイズの最大の利点である集合天才（Ｐ51）の知恵を生かした、「東進衛星予備校」や「武田塾」など教育関連のフランチャイズもあります。

その中で、**時代に逆行したような成功を収めているのが教育産業の〝塾業界〟です**。

誰が考えても、少子高齢化が進んで子どもの数が減っているのですから、高校や大学の門も広くなったはずです。従来のような受験戦争と呼ばれる状況ではないはずなのに、それにもかかわらず、いまだに成長を続けているのが〝塾業界〟です。

その結果、教室数も増え、売上も増え続けて、次のような信じられない数字になっています。

1986年　1万8754教室（602億円）
1996年　3万3520教室（2183億円）
2006年　3万1166教室（2682億円）
2016年　3万2717教室（4887億円）

この数字には、統計を集計する関係からカルチャースクールも含まれています。しかし現実には、ご存じの通りカルチャースクールは減少の一途をたどっているのです。だから、**この統計の表面的な数字以上に学習塾が増え続けている**ことになります。

同じようなことは中古車買取の「ガリバー」にもいえるでしょう。それ以前にも、ディーラーが有利な値段で自動車の下取りをしていました。それなのになぜ、わざわざ中古車買取の専門店ができたのでしょうか？　そして、なぜ「ガリバー」なのでしょうか？

「セブン-イレブン」などコンビニや、「マクドナルド」などのファストフード店に留まらず、学習塾や中古車買取業、「おそうじ本舗」などのサービス業に至るまで、急成長できた最大の要因が〝フランチャイズシステム〟にあることは誰の目にも明らかです。

冒頭に書いたように、体系的には説明できないほど、それぞれの産業によって独自の成長を遂げてきたフランチャイズ組織が数多くあります。コンビニもまた、日本における「セブン-イレブン」の独自の工夫によって、世界標準ともいえるビジネスモデルに発展しました。

それぞれ、あまりにも多岐にわたってフランチャイズシステムは進化してきました。やむなくこの本では、**さまざまな角度から質問してもらい、それに答える形式で解説する**ことにしました。

たぶんこの本を読んだ人は、自分なりの解釈でフランチャイズ組織の利用を図ることでしょう。それでいいのです。それこそが、体系化することなくアトランダムに答えさせていただいた目的でもあるのです。

一円も出さずに全国展開する方法　フランチャイズの処方箋　目次

第2章 昔と今でまったく違うフランチャイズ業界

第3章 フランチャイズ本部の良し悪しは、加盟店が決める

第4章 フランチャイズの宿命、テリトリー問題

第5章 そもそも、フランチャイズとは何か

第6章 なぜここまでフランチャイズ化が進んだのか

第7章 自分に合ったフランチャイズの見つけ方

第8章 フランチャイズで成功をつかむには

第9章 フランチャイズの特徴を見極めた活用法

第10章 フランチャイズに向く人、向かない人

第11章 多角化のためのフランチャイズ活用術

第12章 フランチャイズドリームを手に入れる方法

おわりに

装幀　秦 浩司(hatagram)
本文デザイン・DTP　美創
編集協力　JPS

第1章

フランチャイズは本当に儲かるのか

01

ネットで検索すると、「儲からない」って話のオンパレードですよね？

「フランチャイズは儲からない」って話は、ネット時代になって、より一層広まったね。人の不幸は蜜の味というでしょう。失敗談のほうが面白いから、失敗談や悪口はすぐに検索上位に来てしまう。

一方で、うまくいったって人の成功談なんて、「あっそ、よかったね」くらいの反応で、聞きたくないようだ。「ファミリーマート」を十数店舗やって大儲けした社長が出した本もあるけど、やっぱりというか、売れてない。

フランチャイズに加盟してうまくいった話は、自分の知恵や才覚で成功したと思われないのだろうね。「フランチャイズに加盟したので儲かりました」なんて、あまりカッコよくないというイメージもある。「自分の趣味とセンスで喫茶店を始めたら、こんなに儲かりました！」ってほうがカッコいいし意外性もあって、話としても面白いんじゃないかな。

フランチャイズに興味があれば別だけど、そうじゃない人から見たら、「**フランチャイジー**（加盟者）として努力したので成功しました」って話は面白くないんでしょうね。

それでも現実には、**特定の地域に土地勘があって、生活圏としての特徴を熟知した人たちは、業種にこだわらずに、フランチャイズ加盟による異業種への進出で大成功している**んだよ。

あらゆる職種に、さまざまな**フランチャイザー**（主宰者）が登場したから、フランチャイズ組織への加盟によって新規事業への参入障壁が低くなったともいえるね。

知っておきたい言葉

フランチャイザー：フランチャイズ主宰者（本部）。加盟店を募集して営業権を提供する人（企業）

フランチャイジー：フランチャイズ加盟者（加盟店）。営業権を取得して事業を行う人（企業）

02

フランチャイズ参加の成功例って、どんなものがあるんですか？

初期の成功例は、もともとは繊維工場だったけど、数多くの飲食業のフランチャイズ加盟で成功したタニザワフーズさんなどかな。他にも日本に初めて「ケンタッキーフライドチキン」が入ったときにフランチャイズ加盟して、今では年商数十億円って会社がいくつもあるよ。

でも、タニザワフーズさんもそうだけど、そんな会社の名前は、ほとんど知られていない。みんな店に掲げているのは「びっくりドンキー」や「TSUTAYA」や「かつや」「吉野家」「リンガーハット」などフランチャイズの看板だからね。

今では**マルチフランチャイジー**として、何十億円という売上規模の会社が数多くあるし、**一部上場企業の多くも資本の有効利用や多角化の一環として、優良フランチャイズを物色し続けている。**

僕が**ベンチャー・リンク**時代に関わったセント・リングスって会社は、もともとは「ピザーラ」や「モスバーガー」をやっていて、やがて「牛角」で大成功して、今では年商30億円以上、社員は100人を遥かに超え、アルバイトに至っては常に1000人以上も雇用するまでになっている。

このセント・リングスだって、フランチャイズに関わっている人の中では知られていても、一般の人には知られていない。お店の看板は焼肉の「牛角」だったり、学習塾の「明光義塾」だから、経営母体の名前なんてどこにも出てこない。同じように**メガフランチャイジー**で上場している会社もまた無数にある。何をする会社なのかは知られていないけどね。

知っておきたい言葉

マルチフランチャイジー：複数のフランチャイズに加盟していて多角化を図るフランチャイズ加盟者（企業）

メガフランチャイジー：10以上の店舗を運営し、億単位の売上があるフランチャイズ加盟者（企業）

ベンチャー・リンク：「サンマルク」「ガリバー」「牛角」などのフランチャイズ加盟支援事業で一世を風靡した会社

03

フランチャイズ加盟による成功例はあまり知られていないようですが……

税務署のデータによると、創業しても5年後に残っている企業は15％程度しかないらしい。でもフランチャイズ加盟で起業した場合、5年後に15％しか残らないなんてことは、ほとんどない。

「フランチャイズに加盟したらひどい目に遭った」という話が氾濫している割には、実態はまるっきり逆の場合が多いんだ。だってフランチャイズ加盟による創業の場合、少なくとも過去の成功事例を模倣した起業だし、フランチャイズ本部からの経験に基づく指導を受けて、事業計画も立てることができるよね。だから金融機関も新規のフランチャイズ加盟による起業とはいえ、**具体的な実践例に基づく事業計画があれば、融資も実行しやすくなる**。

さらに、一気に多店舗展開することも可能だから、爆発的に急成長するメガフランチャイジーが生まれるんだよ。たとえば、新潟に東証一部上場のトップカルチャーって会社があるけど、ここは「ＴＳＵＴＡＹＡ」にフランチャイズ加盟して急成長したんだ。それなのに社名を知っている人なんてほとんどいないし、成功の秘訣がフランチャイズ加盟による多店舗展開だったなんて誰も知らない。

フランチャイズ加盟で失敗するよりも、フランチャイズ加盟のおかげで軌道に乗る例のほうが多いんじゃないかな。でなきゃ、こんなにフランチャイズ加盟店が増え続けるわけがない。

独立店や直営店のように思われている店でも、実際はフランチャイズ加盟店であることが多い。世の中に存在する店舗のうち、すでに７～８割はフランチャイズ加盟店だと思ったほうがいいよ。

04

フランチャイズに加盟すると、事業で失敗する確率は低くなりますか？

それはあるけど、「失敗したくないから」と安定をお金で買うみたいに思うと、ちょっと違うね。フランチャイズに加盟することの最大のメリットって、安定や確実性じゃないと思うよ。

フランチャイズ加盟の最大のメリットを要約していうと、短期間で成功できて、それを拡大再生産できるってことだ。一気に何店舗も展開できるってことなんだよ。それなのにフランチャイズ加盟で起業を考える人たちの中にも、最初の入口のところで勘違いしている人がいる。それも結構、多くの人がそうだよ。

フランチャイズ加盟で創業すると加盟金やロイヤリティを取られて儲けは少なくなるけど、その分、経営の面倒も見てもらえる。だから安心だと保険のようにしか考えていない人が多い。

脱サラする人が、個人でやるよりもフランチャイズに加盟したほうが廃業の確率が低いらしいと奥さんに相談する。「それだったらフランチャイズに加盟したほうがいいよね」と奥さんは答える。

このような場合、**多くの人たちは、一番お金が出ていかないフランチャイズを探そうとする**。つまり加盟金などの初期投資が少なくて済み、ロイヤリティなどの固定費が低いフランチャイズを探すんだ。さらに自分が体を入れる（オーナーが自ら労働力を提供する）といったフランチャイズ店を考える。それはまぁ、人件費をかけなければ経費削減にはなるからね。でも、ここで間違う人が多いんだ。

05

経営が安定しているフランチャイズには、成長は望めないのでしょうか？

必ずしも、安定していると成長の余地がなくて、安定していないと成長するかもしれないとまでは言い切れないけど、大きなリスクは取りたくないと考える脱サラ組は多い。それも一理あるけど、フランチャイズのせっかくの利点をないがしろにするようじゃ、本末転倒だよ。

アルバイトも雇わずに自分が働けば、他人に賃金を払わないから損益分岐点が低くなって安定するけど、**自分自身が働かなければ店が回らないのでは、人に雇われて働いているのと変わらない。**

そんなことはフランチャイズのビジネスモデルを見れば、発展性がないってわかるはずだ。だって自分が体を入れている以上、自分が使える時間って一日にせいぜい15時間ぐらいでしょ。そんな働き方だと、それで儲けられる程度の見返りしかないよね。

確実性を求めることと裏表の関係だけど、フランチャイズシステムの本当の利点は、そのような安定性だけでなく、一つ成功したらポンポンポンって多店舗展開できることなんだ。

それなのに、自らかかりっきりで従業員の代わりをやるような働き方をしていたら、1店舗だけで終わってしまう。多店舗展開できるというフランチャイズ最大の魅力をわかっていない人が多いんだよ。

06

リスクを避けるためにフランチャイズに加盟したいのですが……

リスクを避けて、さらにフランチャイズ本部に加盟金やロイヤリティを払いたくない人ならば、フランチャイズにも加盟せずに自分でやればいいだけじゃないのかな。それだって今では不可能じゃないよ。ちょっとインターネットで調べさえすれば、やり方なんてすぐにわかる。

たとえばラーメン屋をやりたければ、昔なら何年も修業したけど、今では簡単に独立できる。スープだって麺だって、昔と違って簡単に仕入れることができる。そういう手間さえも省こうとしてフランチャイズに加盟するようじゃ、独立する意味なんて何もないように思うけどね。

安定を求めて地道に、老後資金を貯金できる程度には儲けたいと思うのならば、会社勤めのほうが遥かに安心できる。起業して自分や家族の労働力を頼りに仕事を続けていると、たしかに残業規制もないから倍働けば倍の収入が得られるけど、**病気になったら一巻の終わりだ。過労によるものでも、自営業だと労災申請もできない**。

安定を求めてフランチャイズに加盟することの典型例がコンビニだけど、「名ばかり経営者」と揶揄《やゆ》されるように、朝から晩まで夫婦二人で働いて、自分たちの人件費分程度が利益という例が多い。これじゃサラリーマンとして、ちょっとハードな仕事に従事したのと変わらない。

それどころか病気でもしたら、会社勤めじゃないから大変なことになる。リスクはオーナー自身が負い、そのリスクに応じたリターンがないんだからね。だからフランチャイズって、本部だけが儲けていると言われてしまう。

そんなことはフランチャイズに加盟する前からわかっているはずなのに、実際に病気になったり、家族が不幸に巻き込まれるまで考えようともしない。

いくらリスクの少ないフランチャイズだといっても、リスクに無縁な経営なんてあり得ない。**それも含めて採算予想を立てることと、もしもの備えをすることが必要だよ。**

07

フランチャイズは結局、本部だけが儲かるシステムなのでしょうか?

フランチャイズ加盟でもリスクを伴い、収入もサラリーマン時代と大差ないって言っても、だからって「本部だけが儲けている」とは言えないよ。フランチャイズを鵜《う》飼いにたとえて、本部が鵜匠で加盟店を鵜だと言う人がいるけど、生かさず殺さずで、フランチャイズ加盟店を搾取し続けるフランチャイズ本部なんて今どき多くはない。

インターネットで情報が飛び交い、とくにブラック企業の噂は瞬時に伝わるような今の時代に、そんな本部が生き残れるわけがない。儲からないと思えば誰も加盟しないし、たとえ一度は加盟したとしても、儲からなければ短期間で潰れたり、離脱していくことになる。

ただしマルチ商法と同じように、後先のことを考えずに**オイシイ話で加盟の募集をする加盟金目当てのフランチャイズや、加盟に伴って機械を売りつけて暴利をむさぼるフランチャイズもないとは言えない**。こんなのは形を変えた詐欺そのものだから、オイシイ話を羅列しただけのキャッチコピーには、注意が必要になる。

本部が大きくて加盟店が小さい、本部が親で加盟店が子というのも誤解だよ。たしかにコンビニはそうだけど、コンビニはフランチャイズとしてはむしろ特殊な例だよ。他にも大きな本部はたくさんあるけど、もともとはみんな小さかった。「ドトールコーヒー」だって、「モスバーガー」だって、加盟店がたくさん集まって成功させたからこそ、本部が大きくなったんだ。

大企業が大資本を投下して、最初から大きなフランチャイズをやるなんてことはあり得ない。大企業は、儲かる商売だと思えば、自社で次々と店舗を作るだけだよ。それだけの資金力があるんだもんね。

08

フランチャイズに入れば、成功は約束されたようなもの?

そこまで言うと誤解を招くね。フランチャイズの紹介雑誌といえば某有名企業が発行する『A誌』が一番売れているけど、記事広告の中にはプラモデルみたいに「説明書通りにやればできますよ」と書いてあっても、説明書そのものが曖昧《あいまい》だったり、箱に表示されていた完成写真と異なるものができたり、中には部品そのものが足りないという悪徳フランチャイズだってある。

悪徳じゃない普通のフランチャイズでも、部品はちゃんと入っていて丁寧な説明書がついていても、頭の悪い人だと理解できないこともある。そういうものだから、途中で挫折する人が何割か出ちゃう。**フランチャイズ本部からは「作り方がわからないなら聞いてください」と言われるんだけど、聞かないで挫折する人がいる。**

もっと表現を変えると、フランチャイズへの加盟を〝成功へのチケット〟を買ったみたいに思う人がいるんだよ。駅で切符を買うみたいにね。線路があるから電車に乗れば目的地に着くみたいにね。

そうじゃないよね。チケットを買うみたいにお金を払ったからって、連れて行ってくれるわけじゃない。だからプラモデルという表現のほうが近いかもしれない。**よく見ると、小さく「全員が完成するとは限りません」みたいなことが書いてある。**それがフランチャイズってもんだよ。

それなのに情報誌には、当然そのプラモデルのキットを売るのが仕事だから、「誰でもできます、簡単です！」みたいなことが目立つように書いてある。

09

情報サイトや情報誌の内容は信用できないの?

たしかにフランチャイズに対する誤解を生む原因の一つに、『A誌』を筆頭とするフランチャイズ加盟募集の広告媒体がある。広告だから、やむを得ない部分もあるとは思うけどね。

でも健康食品などの広告なら、「効きますよ」と書かれていても、書かれているフレーズが本当なのかと一度は疑うでしょ? 薬事法上の制約があるから、掲載する雑誌社のほうも慎重になるし、審査も厳しい。効き目があったという経験者のコメントにも「個人の感想です」と明記されている。

ところが**フランチャイズ募集の場合には、誇大広告だという認識が薄い。**「未経験の方でも1年で年収1000万円」など、誰でもできるかのような表現になっている。

ダイエットサプリの紹介に「誰でも痩せます」なんて書いたら薬事法違反で摘発されるのに、フランチャイズの募集広告では100%成功するかのような表現がまかり通っている。「年収1000万円を目指せます」ならまだいいけど、1000万円の年収を保証するかのような表現は、いくらなんでもいき過ぎだよね。だからフランチャイズ加盟募集の情報誌にも問題があって、フランチャイズに対する誤解を助長していると思う。

なんで『A誌』が一番悪いかっていうと、某有名企業の発行を看板にしているからだよ。発行元が有名企業ならば、掲載内容の審査をしているはずだと思っている人が多い。

ところが同社発行の雑誌の中でも、『A誌』だけは他の求人誌などとは全然違う。

『A誌』にも審査はあるけど、何をもって誇大広告というのかの基準がないから、事前の手続きはあっても、**実績ゼロのフランチャイズでも記事広告が出せる**。

ネット上で問題になっているような、加盟者が続々とやめているフランチャイズでも、『A誌』には昔のままの文言で、今でもずっと広告が掲載されている。

10

有名フランチャイズ情報誌なら安心ですか？

最近では「てるみくらぶ」の問題があったよね。あそこもそうだけど、倒産するような企業やフランチャイズは、ヤバくなればなるほど広告を打つんだよ。『A誌』関連でも何年かに1回は必ず話題になるようなことがある。倒産するフランチャイズは、最後は『A誌』にたくさん広告を出す例が多い。

とある調剤薬局のフランチャイズの場合でも、他の雑誌は載せなかったけど、『A

誌』だけは載せたからね。「以前からの先払いだったから」とか、一応言い訳はしていたけどね。でもそんなのすぐには信じられない。倒産直前の会社に、そんな金があるとも思えないもんね。

そこに読者は引っかかってしまう。それはやはり有名企業の信用力というか、『A誌』はそこそこ信じられると思っているから、よくない噂が流れていても、『A誌』で紹介されているんだからと信用してしまう。それで引っかかっちゃうのは読むほうの問題だと思うけどね。

『A誌』は、掲載費とかもちょっと高い。掲載費が高いから、それも信用される理由になっているんじゃないかな？　お金がなければ安いところに掲載するはずなのに、これだけ高い広告料を払えるんだから事業は安定しているはずだって。

でもやっぱり広告を出す側からすると、お客が来るんだったら広告料が少々高くてもいいんだよ。**ましてフランチャイズの場合は、ヤバい経営状態なら余計に無理しても加盟金を集めようと広告を打ち続ける。**大宣伝しているフランチャイズのほうがヤバいのかもしれないよ。

11

それぞれのフランチャイズの経営状況の見極め方は?

フランチャイズ本部の経営状況の見極めも大切だし、フランチャイズとしての到達点の見極めも大切。募集を始めたばかりのフランチャイズならば、有利なエリアで開業できるよね。たぶん最初は加盟金も安いだろうし、うまくいけば一気に多店舗展開も可能になる。

このような**フランチャイズの初期の段階をアーリーステージと呼んでいる**。その定義は難しいけど、まだ加盟店が50店舗以下ってところかな。業界によるけどね。

この段階のフランチャイズだと初期投資は安いけど、まだ業績は安定していない。今後急成長するという伸びしろはあるけど、行き詰まってしまうリスクも抱えている。

対照的に「ドトールコーヒー」などのような、成熟して安定しているフランチャイズも多い。「ドトールコーヒー」だって、今でも加盟はできるんだよ。だけどやっぱり「ドトールコーヒー」をやるには、たぶん４０００万円はかかる。収益的に大きく外すことはないと思うけど、もちろん大儲けなんてできない。


だから、アーリーステージのフランチャイズを選ぶか、成熟した段階に達していて安定的な経営が見込めるフランチャイズに参加するかは、加盟者の志向の問題なんだ。あとは準備できる軍資金、お金の問題もあるかな。

脱サラで独立を目指す個人ならば、資金が乏しくて信用もないから、アーリーステージのフランチャイズを選ばざるを得ない場合もある。ある程度のリスクを取らざるを得ないよね。

一方で資金力があるなら無理せずに、リスクが少なくて安定的な収入が見込めるフランチャイズに参加することも可能になる。その場合には、爆発的な急成長なんて見込めないけどね。

どちらにしても**自分自身が置かれている状況を直視して、どの業種の、どのような段階のフランチャイズに加盟するかの判断が大切になる。**フランチャイズ紹介の情報誌やwebサイトの情報も自分の目で確かめて判断しないと、カスのようなフランチャイズに食い物にされるだけだよ。

第2章

昔と今でまったく違うフランチャイズ業界

12

本部と加盟店の関係は、昔と比べて変わってきましたか？

そうですね。たしかに旧世代のフランチャイズには、本部が親で加盟店が子どもという意識があった。バブルが崩壊する１９９０年代までは、本部が上、加盟店が下で、本部の経験や手法を加盟店に伝えるのがフランチャイズだと思われていた。

それこそ、本部へ忠誠を誓わせ、本部のやり方に異論をはさまないように、**加盟店同士が本部を介さずに情報交換することもタブーだった。**加盟店同士が話し合うと本部への不満が蓄積して、本部への対抗勢力を生み出しかねないと思われていたんだ。

でも今では、まったく逆だよ。加盟店のオーナー同士を結びつけて、常に開かれた本部を目指すフランチャイズのほうが多くなった。**加盟店同士の情報交換の中から新たなアイデアが生まれることも多い**んだ。

集合天才という言葉は、今の時代のフランチャイズのあり方を考える上での重要なキーワードとなった。最近では、集合天才的な機能をフルに生かしたフランチャイズが急成長している。本部と加盟店を親子関係にたとえて、加盟店は本部におんぶに抱っこで、言われた通りにやっていればＯＫというフランチャイズは、今じゃ前世紀の遺物に過ぎない。

だからといって対等というのともちょっと違うかな。今ではむしろノウハウは加盟店が作るという時代だ。だから本部が真ん中で、加盟店が周りにあるイメージかな。

知っておきたい言葉

集合天才：各々がさまざまな経験と知恵を持ち寄れば一人の天才をも凌駕するという、ＧＥ（ゼネラル・エレクトリック）の事業理念

13

本部の指導力が重要だと聞いたのですが……

ここ最近で変わってきたよ。インターネットの時代になって、ハッキリと変わった。昔は、本部の社長にはカリスマ的な人のほうがよかった。実際に僕も、15年ぐらい前になるけどベンチャー・リンクにいた頃を思い出すと、当時はカリスマ的な魅力で加盟店をぐいぐい引っ張るタイプの経営者が多かった。昔のフランチャイズで、なぜカリスマ的な社長がよかったかというと、先見性を誇示できたからだよ。

フランチャイズに加盟してくる人って、以前は目先のことしか見ない人が多くて、足元の自分の現場しか見ようとしない人がほとんどだった。５年後、10年後っていう中長期的に物事を見ることのできる人が少なかった。でも、それでもよかったんだ。

本部の社長が先を見て、いろいろなことをやってくれる。そのような本部の実績を見て、真似るだけでいい。だから**先見性のあるカリスマ経営者についていくことが、フランチャイズに加盟することの意味にもなっていた。**

たとえば「東進ハイスクール」の永瀬昭幸社長なんかはそういうタイプで、今から30年も前に「これからは浪人生じゃなくて現役生の時代だ」「これからは生の授業じゃなくて映像授業の時代だ」と見抜いていた。これが先見性で、そこに価値があった。これならば「加盟校はツベコベ言わず、黙って俺についてこい」でいい。ところがこのタイプは、とくにここ最近では、時代に合わなくなってきている。

人より抜きん出た先見性があって、常に百発百中で当てていればいいんだけど、**昔みたいに〝人より先を見る〟ってことが簡単じゃなくなってきた**。逆に言えば、情報化社会になって、見ようと思えば誰でも先が見えるようになってきている。

14 カリスマ経営者は必要なくなったのですか？

たしかに以前と比べると、フランチャイジー（加盟者）も賢くなってきた。さまざまな情報を見聞きできるようになったからだろうね。

以前だと、小銭は持っていても先見性がなく、自立して経営する自信もない人たちが多かった。だからフランチャイズに加盟して、ただ言われた通りにやる人が多かった。それはそれでリスクヘッジにもなったし、堅実な生き方でもあり、自分じゃ考えられないような独創的な新規事業を軌道に乗せることもできた。

でも今では、**本部の社長と同じ情報がフランチャイジーでも得られるようになった。**「東進ハイスクール」の永瀬社長は、たぶん持って生まれた先見性だけでなく、人一倍勉強して、人一倍本を読んでいたんじゃないかな。

それが今のような情報化社会になって、何も知らなかったフランチャイジーでも、少し目端が利けば、そこまで努力しなくとも同じレベルの情報が得られるようになった。

だから、黙って俺についてこい型のカリスマ社長の時代から、現場にいる当事者そのもののフランチャイジーたちがいろいろなことを試してみて、成功事例を作り、さらには失敗事例を検証していくことのほうが意味を持つようになった。

そこにはインターネットだけでは得られない〝生〟の情報があるからね。

15 今は先見性が役に立たない時代?

最初にビジネスモデルを作る段階では、先見性や独創性が必要だよ。それでもハッキリしているのは、本部が上で加盟店が下っていう図式が通用しなくなったってこと。フランチャイズ組織を運営して発展させるためには、先見性だけでは勝負できなくなったということじゃないかな。**それを象徴するのが、先頃の「セブン-イレブン」の鈴木敏文さんの引退だ。**

鈴木さんはカリスマ的な経営者だよね。「セブン-イレブン」の成功ももちろんだけど、日本のコンビニ業界どころか、世界のコンビニ業界をリードしてきた。今や押しも押されもしない「セブン-イレブン」だけど、その「セブン-イレブン」が強い理由は、鈴木さんが持つカリスマ性であり、先見性であるといわれてきた。

最近でいえば、セブンカフェの大ヒットなどもある。鈴木さんの先見性のおかげで、コンビニには1年中おでんがあるし、冬でも大きなアイスのショーケースがある。

このような鈴木さんの先見性、カリスマ性によって数多くのヒット商品を生み出したのはすごいことだ。**だけど一方で、すごく〝外す〟ことも多かったんだ。**たとえば、ちょっと前に流行ったように見える「金の食パン」とかは、全然ダメだった。

一時的にはブームに仕立て上げたけど、そのために鈴木さんの鶴の一声で作ったパン工場なんて、まったく稼働していない。コーヒーが当たったからって、次はドーナツをやったじゃない。あれも全然ダメだった。鈴木さんの先見性と指導力で、数多くのヒット商品を生み出したことはすごいことだけど、それをやるのに一方では数多くのすごい失敗をしているんだよ。

16

チャレンジ精神は旺盛なのですが、他に必要なものはありますか？

鈴木敏文さんの判断基準になっているものに、消費心理学っていうのかな、消費行動の分析がある。データを見て、消費心理学に基づいて消費行動を読んで、その結果でいろいろな商品開発をしている。それはそれですごいことだし、これがコンビニ業界のリーディングカンパニーとして「セブン-イレブン」を大成功させる原動力になったことは間違いない。

でも先に述べたように、鈴木さんもすごく外すわけだよ。手数が多いから他のコンビニを圧倒して大成功したけどね。さすがに「ファミリーマート」などでは、「セブンｰイレブン」の金の何とかみたいなことはできない。「セブンｰイレブン」でやったことが成功してから真似るだけだ。

とはいえ、これはこれでリスクを避けるためには賢いやり方かもしれない。「セブンｰイレブン」の鈴木さんのように強烈なカリスマ性を持った経営者がいなかったから、そんな冒険は誰もやらなかったとも言えるね。

そして、その鈴木さんが外す確率が高くなってきた。でもそれは鈴木さんが歳を取って勘が鈍くなったとかじゃなくて、時代の流れもあるし、**コンビニ市場が巨大化して成熟期を迎えている**ということもあるんじゃないかな。

それこそ鈴木さん自身が推し進めてきたコンビニの進化、完成度の高さの結果だとも言える。**いくら感性豊かな指導者であっても、もはや閃《ひらめ》きだけではやっていけなくなった**ってことじゃないかな。

17

本部の役割は、昔と今で変わりましたか？

コンビニのような業種では「セブン-イレブン」がその象徴だけど、同じことが他のフランチャイズでも起きている。**本部の開発力やデータ解析能力による指導だけでは、時代の変化に対応できなくなっている。**

一方で今伸びているフランチャイズを見ると、もちろん「マンマチャオ」のような大型コインランドリーや「おそうじ本舗」のような家事代行業といった、時代のニーズに合った業種であることももちろんだけど、**加盟店がいろいろとアイデアを出して、本部がそれをブラッシュアップして加盟店へ伝えるといった、風通しのいいフランチャイズが急成長している。**

だから時代を読むことのできる本部は、昔のように直営店でビジネスモデルを研鑽《けんさん》するよりも、加盟店同士のコミュニティ作りを進めて、より活発に**ナレッジコンクール**のような情報交換の場を作ることに邁進《まいしん》している。これが、今の時代のフランチャイズは本部が上じゃないよ、真ん中にいるんだよという意味なんだ。

せっかくフランチャイズへの加盟をテコにして脱サラしたり、独立して経営者になったのに、本部からの指示に従うだけの旧来のコンビニ型フランチャイズのような上意下達で、利益は夫婦して身を粉にして働いた分だけ、では面白くない。これじゃ、サラリーマン時代と何も変わらない。

もちろんフランチャイズの場合はブランドイメージを守ることも大切だから、過去の成功例に基づく本部指導の事業形態に従いつつだけど、現場での実感やアイデア、加盟店同士で切磋琢磨して競い合うことなどを通じて、まさに〝集合天才〟を生かすべきだよね。「セブン-イレブン」の鈴木さんのような人がいなくても、みんなが集まれば一人の天才をも凌ぐことになる。

知っておきたい言葉

ナレッジコンクール：ナレッジ（知識）を共有するために、さまざまな部署や地域での経験を持ち寄って発表する場

18

フランチャイズの最大の利点って何ですか？

三人寄れば文殊の知恵というけど、たった3人で知恵の象徴である文殊を追い抜くのならば、10人もいれば文殊3人分以上の知恵が出てくる。まして**さまざまな地域と異なる環境のもとでの多種多様な経験値の積み重ねだから、これほど強いものはない**。だから時代の変化によって、本部の役割が変わったというだけでなく、集合天才という特質を生かすフランチャイズが次々と登場してきたってことじゃないかな。みんながフランチャイズ最大の利点に目覚め始めたんだろうね。

これは有名な話だけど、「マクドナルド」のビッグマックだって本部が開発したものじゃないんだ。

とあるエリアで「マクドナルド」のライバル店がボリュームのあるハンバーガーを売り出して、「マクドナルド」の客が激減した。その店のオーナーは、これではどんどん客を取られると思って、だったらうちは肉を2枚にしたハンバーガーで対抗したいと本部に直訴した。

でも他の「マクドナルド」加盟店は、そのときはまだ隣に競合する店などできていないから危機感がない。それでも、このオーナーの熱意は本部を動かして、本部が試験的に出したのがビッグマックだった。それが今や全世界的なメニューになっているんだよ。

「マクドナルド」の創業者、レイ・クロックもフランチャイズの本質がわかっていたんだろうね。**成功事例を作ることの大切さと合わせて、加盟店から学ぶことの大切さ**をね。

19

この情報社会で、スーパーバイザーの役割は？

たしかに、**スーパーバイザー**（ＳＶ）という存在自体が時代に合わなくなってきたね。経営指導以前の問題として、以前ならば本部の意向や市場動向を伝えてくれる貴重な存在だったけどね。

月に1回は顔を出して「どうですか、景気は？」「みなさんお変わりないですか？」だけでも意味があったんだ。

それが今では、どのような田舎町だろうとインターネットで、みんながリアルタイムでつながっていて、下手すりゃ移動のために時間を取られているＳＶよりも、よりヴィヴィッドな情報を得ていることが多い。Facebookなどでオーナー同士もつながっているから、日本全国へアンテナを張り巡らせているようなものだ。うかつにピントのズレた情報を口にしようものなら、「なんだ、そんなことも知らないの？」と馬鹿にされるだけだよ。

さらに**本当に優秀な人がＳＶとして加盟店にアドバイスしてくれればいいけど、絶対そうはならないと断言できる**。なぜならフランチャイズって、そこそこ伸びてから募集広告を出してＳＶを雇うわけでしょう。だから新参者のＳＶなんて、加盟店のオーナーさんよりも経験が浅くて使い物にならない。

だから今ではコンビニなどのＳＶって、加盟店が契約違反をしていないかと監視するための監督官みたいなものだよ。従来は加盟店を指導してくれる存在だったけれど、今では本部から送り込まれたチェックマンってとこだね。

もしＳＶが、経営指導をするくらいの人だったら、これはもうコンサルタントの域だよ。その人のアドバイスだけでうまくいくならば、これはもう少なくとも１０００万円以上取る人の仕事だよ。

フランチャイズの基本的な成功体験に基づくビジネスモデルを踏襲しているのにうまくいかないのは、別の原因があるからでしょう？　従業員のモチベーションが低いとか、立地条件が悪いとか、業務管理に致命的な欠陥があるとか。そういうのを改善するのは、ＳＶの仕事じゃなくてプロのコンサルタントの仕事だよ。

地方の加盟店に情報が行き渡らなかった時代と違い、単なるメッセンジャーボーイのようなＳＶは、もはや今では何の役にも立たないよ。

知っておきたい言葉

スーパーバイザー（ＳＶ）：supervisor　管理者や監督官という意味だが、フランチャイズの場合は加盟店を総括して指導・支援を行う本部の窓口スタッフ

20

本部の都合で加盟店が損することもある？

テリトリーのことを聞きたいのかな？　儲かっている店があると、その近くに同じフランチャイズの競合店ができるとか、本部の直営店ができるといったような。

たしかに「この看板で、特定の地域で商売する権利を得る」のがフランチャイズの定義だけど、本来のフランチャイズの意味合いとは異なるような、テリトリーがないフランチャイズもある。**ノンテリトリー制といって、加盟店に商圏を独占させずに競**

わせる方式だよ。「セブン-イレブン」などのコンビニがそうだし、「東進衛星予備校」もノンテリトリー制を取っている。

これは僕がよく例に挙げるのだけれど、「ダスキン」と「サニクリーン」のフランチャイズ戦争ってのがあった。エリアを保障されたテリトリー制の「サニクリーン」ではオーナーが企業努力をしなくなり、ノンテリトリー制の「ダスキン」に駆逐されてしまった。

加盟店を切磋琢磨させるためにも、ある程度の弱肉強食は、フランチャイズ展開には欠かせないのかもしれない。

でも、テリトリー制を採用して加盟店のテリトリーを保障しても、それぞれの加盟店の多店舗化に伴う争いも起きてくる。**フランチャイズは常に、テリトリー争いが起きる宿命を背負っている**んだよ。

たとえ明確なテリトリー制を取っていたとしても、店舗数が増えてくれば過密化現象が起きて境界線争い、陣取り合戦にならざるを得ない。そんなときには本部が仲裁に入ったり、裁定を求められるけど、どこまで介入すればいいのかは難しいところだ。

そんな場合、私が関係している「武田塾」という学習塾のように、本部の立ち会いのもとで加盟店同士が直接話し合うのが一番いいように思う。「武田塾」の場合は、林塾長の立ち会いのもと、いつも決まった新宿歌舞伎町の焼肉屋で、加盟校同士が延延と協議している。そして**その状況をSNSで、すべての加盟校に公開しているから**面白い。

もちろん小田原評定じゃないけど、延々と話し合いが終わらないこともある。でも、それでいいんだよ。トムとジェリーじゃないけど、オープンな場で仲良くケンカしているから、後腐れもない。フランチャイズの加盟校は、すべて大切な仲間なんだという考えに基づいての措置なんだよ。

21

テリトリー争いがあっても、加盟店同士は「仲間」なんですか？

そう、そしてその輪の中心にいるのが本部だという自覚が必要だね。今のフランチャイズは、言ってみればコミュニティそのものだよ。**〝仲間なんだ〟という考え方がとくに大切で、これからのビジネスの絶対的な成功要因と言い切ってもいい**と思うよ。

仕事を楽しくやるためにも、気心の通じた仲間と一緒に楽しくやるのが一番いいよね。それを可能にしたのがフランチャイズで、思考が合う人たちとともに、お互いが刺激し合いながら成長していくのがフランチャイズという組織だよ。

それぞれが独立したオーナーでありながら、ともに戦う戦友でもあり、ときには競合しながらも集合天才の利点を生かして、知恵と知識を分かち合う存在なんだ。

繰り返しになるけど、このフランチャイズ仲間という集団の中心にいて、風通しよくフランチャイジー（加盟者）同士の交流を図るのがフランチャイザー（主宰者）の役割だよ。


フランチャイズに加盟した動機としては、自分がやりたい業種だとか、収益率が高そうだからとか、爆発的に拡大しそうな仕事だからといった理由が最初のきっかけかもしれないけれど、最終的な加盟の決断は、加盟説明会で聴いた本部の社長の話が面白かったからといったことが決め手になる場合が多い。もちろんビジネスをやるために加盟するんだけど、**必ずしも儲かるからという理由だけではない**んだよ。

僕は「フランチャイズ本部の社長はキャラが立っていないと務まらない」と言うんだけど、昔のようなカリスマ社長って感じではなく、予備校「武田塾」の林塾長やコインランドリー「マンマチャオ」の三原社長のように、ちょっと危なっかしいけどキャラが立っていたり、ほんわかムードで誰からも愛されるタイプのほうが適任なんだよね。

そんな人の周りに集まってくる人って、不思議と仲間意識も強いし、趣味や嗜好が似ていて、すぐに打ち解けることができる。まさに円の中心に愛されキャラの社長がいて、だからこそ共通する価値観や嗜好を持った仲間の輪ができるって感じかな。

でなきゃ、フランチャイズの宿命ともいえるテリトリー争いをしながら、仲良くするなんてできない。その意味からも、「セブン-イレブン」の鈴木さんの引退によって、**従来型のカリスマ経営者による上意下達方式の時代が終わった**といえそうだね。

22

フランチャイズ仲間同士はどんなコミュニケーションを取っている？

輪の中心に愛されキャラの本部の社長がいるといっても、年中パーティをやるわけにもいかないよね。それとフランチャイズって、共通の看板と運営方法を、それぞれの地域で実現するシステムだから、加盟者同士は遠く離れていて、会う機会なんてそうそうない。

だから「武田塾」などでは、**SNSを徹底的に利用する**方法を取っている。「武田塾」の場合はFacebookだけど、別にＬＩＮＥでもSkypeでも何でもいい。常にフランチャイズの仲間同士がネットでつながって、リアルタイムで情報を共有しているということが大切なんだ。

以前ならば担当のＳＶ（スーパーバイザー）に電話して指示を仰いだり、わからないことを聞いていたけど、いつでも連絡が取れるとは限らない。本部の職員の間でたらい回しにされることも多かった。それがネット社会になって、ましてFacebookのようなＳＮＳの利用ができるようになって、**グループの掲示板に書き込みさえすれば、全国のフランチャイズ仲間が自分の経験から教えてくれる**ようになった。

真夜中だろうと、休日だろうと、それこそ本部の事務所が閉まっている正月やお盆休みだって、誰かが対応してくれる。これもまたＳＶがいらなくなった理由の一つだけど、それ以上にフランチャイズ仲間同士の距離を縮めたといえるよね。

23

SNSの登場で、フランチャイズの運営方法は変わった？

ｗｅｂ上でもフランチャイズ仲間のコミュニティができて、ボンヤリ見ているだけでも加盟しているフランチャイズの現状がわかる。インターネット上のやり取りに〝いいね！〟するだけでも参加できるし、「この人、こんな考え方をするんだ」などと、それぞれの性格も見えてくる。

それが全国津々浦々の、自分と同じ事業に取り組む人たちのリアルタイムの日常だから、毎日顔を合わせている仕事仲間と同じような存在になってくる。

そのようにして仲間意識ができるからこそ、それぞれが創意工夫した経験を持ち寄って、〝集合天才〟の手法で新たな躍進を生み出すことも可能になるんだよ。

まず仲間ありきだし、コミュニケーション手段の共有が仲間意識を強めるといえる。だからフランチャイズというビジネスモデルが本来持っていた利点が、インターネット社会の到来で一気に花開いたんだよ。**ナレッジマネジメント**とも言うんだけど、フランチャイズ組織が蓄積してきた知識に加え、それぞれの経験やノウハウ、顧客情報などを瞬時に共有することができるようになった。

こうなると従来型の、先見性もあって指導力もあるカリスマ経営者よりも、環境の異なるさまざまな地域で活躍する加盟店同士が持ち寄る情報のほうが貴重になってくる。予見じゃなくて実践に基づいた示唆だから、より的確な情報が得られる。

フランチャイズの利点、集合天才の効率を一層高めたのが、ＳＮＳだと言っていい。

知っておきたい言葉

ナレッジマネジメント：集合知とも呼ばれ、個々人が持つ知識や経験を共有すること

第3章

フランチャイズ本部の良し悪しは、加盟店が決める

24

「加盟店が本部を成長させる」という話を聞きました

今ではハッキリと、そのように言えるね。一つひとつの加盟店の経験や工夫が全体に波及して、新たな武器を手に入れることができるんだもの。集合天才そのものだね。それと同時にいい本部を作るっていうのも簡単で、まず一番大事なのは、順番を間違えないことだよ。**フランチャイジー（加盟者）の事業を成功させてこそ、フランチャイザー（主宰者）が成功するん**だ。

これが、フランチャイズが成長するための鉄則なんだけど、言うは易しで、実践を伴わないフランチャイズが多い。これができないから、いい本部はなかなかできない。なぜかというと、これはフランチャイズを説明するときの僕の基本フレーズ「フランチャイズは劇薬である」ということが理解できていないからなんだ。

毒薬じゃないよ。劇薬だよ。毒薬は害を及ぼすだけだけど、劇薬は使い方によっては霊験あらたかな万能薬にもなるんだよ。でも、少しでも使い方を誤ると、副作用で一巻の終わりとなる。

加盟店を儲けさせないと本部は儲からない――この順序を理解していないから、フランチャイズという劇薬の使い方を誤るわけだ。

いい本部を作るっていうと、みんなは〝いいビジネスモデル〟を作ることだと思うよね。儲かるビジネスモデルを作ることだと考える。

それはそうなんだけど、**直営でやってすごく儲かったビジネスモデルを、そのままの形で加盟店がやったからといって儲かるとは限らない**。自分がやって儲かった商売を、他人がやっても儲かるようにしなければならない。ここが成長するフランチャイズのポイントだよ。

そのためにもフランチャイザーは、加盟してくれたフランチャイジーが儲かるようにしてから、加盟店の利益を還元してもらうシステムにする必要が出てくる。繰り返すけどフランチャイズって、フランチャイジーが儲けた分から利益還元してもらってフランチャイザーも儲かるって組織だから、**直営ではできても、人にやらせたらできないのでは意味がない**。

25 加盟金とロイヤリティについて教えてください！

フランチャイズの本部は、ともかく加盟店に儲けてもらって、その利益の中から本部が儲ける。この流れに持っていくことこそが本部の仕事のすべてだと思うぐらいでないと成功しない。それを多くの本部でなぜできないかというと、先に本部が儲けちゃうほうが簡単だからなんだ。加盟金があるからね。だからまずそこに走っちゃう。

後々の運営による利益よりも、**まず加盟してもらうことで、加盟金を得ようとする。**

それが一番手っ取り早いからね。さらに**新規の加盟を促すために、ロイヤリティは安くしちゃう**。

これがやっぱり大きな間違いで、さっきの原則から言ったら、フランチャイジー（加盟者）が儲かって、その利益のうちからフランチャイザー（主宰者）がもらうんだったら、**ロイヤリティのほうがむしろ重要**なんだよ。だけど多くの本部には、加盟金は200万円とか入ってきても、最初のうちはロイヤリティは微々たるものしか入ってこない。だから加盟金の200万円のほうが美味しいから、こっちをたくさん取ろうとする。

僕の関与している「武田塾」の場合だと、今では300万円まで引き上げたけれど、最初は加盟金を120万円と設定して、ロイヤリティは最初から15％と高めに設定して、これは変更していない。

それでも当初の加盟金の120万円だって大きな金額だよ。5件も新規加盟があればすぐに600万円も入ってくる。「武田塾」の林塾長はわかってくれたけど、「加盟金に目がくらんじゃいけません。ロイヤリティで儲けるんです」と言っても、なかなかわかってくれる人は少ない。

でもホントは、先のことを考えて、ロイヤリティをたくさんもらえるようなビジネスモデルを作るのが、フランチャイザーには一番大切なことなんだよ。

26

加盟者にとって、ロイヤリティは安ければ安いほうがお得ですか？

フランチャイジー（加盟者）にとって、ロイヤリティは安けりゃいいってもんじゃない。それどころか、**安いロイヤリティのフランチャイズは、何にもしてくれないと思ったほうがいい**くらいだ。

「本部が何もしてくれない」というクレームを聞くことがあるけど、訊ねてみたら「ロイヤリティは固定で毎月3万円です」なんてところがある。いかにも良心的なフランチャイズのように聞こえるけど、月３万円のロイヤリティ収入で、加盟店に対して、どのようなサービスが提供できるのかね？　これじゃ加盟店への支援なんてできない。地方なら1回の出張でさえも足が出ちゃう。

こんなこと、逆の立場で考えてみたら誰だってわかることじゃないかな？　それなのに自分の利益ばかりを考えて、「安いからトクだ」とか「安いから良心的だ」と思うような人は、そもそもビジネスに向いていない。

たとえば「東進衛星予備校」をフランチャイズで始めた頃のロイヤリティは、45％だった。生徒が10万円持ってきたら、本部には４万５０００円も入る。だから本部は生徒を増やそうと必死になるわけだ。本部が儲けるためにも加盟校が儲からなきゃいけない、という関係じゃないとダメなんだ。

だから、いいフランチャイズを作るためのステップは、まず一つは儲かるビジネスモデルを作ることだ。**売上に対する利益率が重要になってくる**。それだけのロイヤリティを取るんだから、儲かる商売じゃなきゃダメだよね。利益率が高くなきゃダメだよね。本部が売上の10％とか20％とか取るんだから、加盟店がその数倍の利益を取れないと成り立たない。

27

利益率の高い商売でないと、フランチャイズには向かない？

儲かる商売じゃなきゃダメに決まっている。単純に言って、**フランチャイズに加盟するからには、自分でやるよりも3倍くらい儲からなきゃダメだ。**わざわざフランチャイズに加盟しなくとも、塾などは自分一人でもできるよ。フランチャイズに加盟する意味は、自分一人で塾をやるよりも、3倍程度は儲かるってことにあるんだ。

フランチャイジー（加盟者）は一人で塾をやるよりも、儲かるビジネスモデルを提示されて、集合天才の利点によって常に成長を遂げ、さらには多くの仲間とＳＮＳでつながって助け合い、**ドミナント効果**によって知名度や信用度も上げる。このことによって、単独の事業では実現できない利益の確保ができる。だから高いロイヤリティも払える。

一方でフランチャイザー（主宰者）のほうは、単独でやるよりも３倍は儲かるビジネスモデルを提供し、それだけの利益を確保できるフランチャイズへの加盟を認めるんだから、その利益の「半分はくださいね」ということになる。だから、そのようなｗｉｎ－ｗｉｎの関係を作り上げるには、加盟店に儲けさせて、その結果で本部も儲かるっていう順番を守ることが欠かせない。

うまくいかない例として、「ウチのビジネスモデルはそこまで利益率は高くないんです」「でも、自分でやるよりは絶対に儲かると思います」「だから、ロイヤリティを低くします」と、**ロイヤリティを破格の３％や５％程度にしたり、固定で10万円にするような本部**がある。

たしかに一見、良心的だけど、こんなフランチャイズは成功しない。フランチャイザーもフランチャイジーも、まるで底なし沼に足を踏み入れたように、ズルズルと奈落の底へと落ちていく。そうなると、良心的どころか疫病神に過ぎないんだよ。

知っておきたい言葉

ドミナント効果：一定の商圏ごとに店舗開発することによって、知名度と営業効率を確保する戦略

28

本部を立ち上げるのって大変ですか？

そりゃ、最初に募集を始めた頃は、まだ海のものとも山のものともわからないから、買い叩かれることもある。最初はどこのフランチャイズでも加盟金は低めに設定しているから、ロイヤリティを下げてくれという交渉を受けることが多い。

まだできあがっていないビジネスモデルの実験に協力するのだから、自分たちには特別の配慮をしてほしい。報奨の意味で、ロイヤリティを下げてほしいって申し出も多い。あるいは収益が安定するまではロイヤリティを半額にしてほしいなどという話も飛び込んでくる。

それも一つの考え方には違いないけど、後から参加してくれるフランチャイジー（加盟者）との間で不公平感が生まれるから、**そういう考え方の人とは組まないと僕は決めている。**

いい本部を作るためには、まずは儲かるビジネスモデルを提供すること。そしてそこから利益の半分は取れるロイヤリティの設定。それでも十分儲かるような仕組みを提案できなければ、フランチャイザー（主宰者）もフランチャイジーも成功しない。

そのためにも守らなきゃいけない牙城が、ロイヤリティだよ。ロイヤリティで本部が運営されて、加盟店の発展に寄与するんだもの、本部としてだけじゃなくて、フランチャイジーにとっても必要なことだ。このように**フランチャイズの根幹を支えるのが堅実なロイヤリティの設定**だと思う。

そして加盟金だけど、簡単に2、3件の新規加盟は取れるから、ここで目がくらむフランチャイザーが多い。最初に大きなお金が入ってくるから、それだけでもう、うまくいくものと錯覚しちゃう。**ついつい社員を増やしたり、システム作りに先行投資してしまう。**

僕は支援しているフランチャイズの本部に『予言の書』と言っているけど、「こうなっていくから、それまで先行投資はダメですよ」というふうに、未来日記を提示するようにしている。

いい本部を作るには、フランチャイジーが儲けることによってフランチャイザーも儲かるという鉄則、外してはいけない順番があるから、その流れが確実なものになるまで、本部には自重が求められる。

29

検討していたフランチャイズのロイヤリティが下がりました。加盟するチャンスですよね？

業界一高いと言われながら絶対にロイヤリティだけは聖域って言っていた「セブン-イレブン」が、ロイヤリティを1%下げるというニュースがあった。これにはビックリ。「セブン-イレブン」を去った鈴木敏文さんがトップだったら絶対にしないはずだ。

あれはフランチャイズのことをわかっていない人たちがトップになったということ

だよ。あとは「セブン‐イレブン」がかなり限界に来たんだろうね。「セブン‐イレブン」が限界ということは、他のコンビニはもっと限界のような気がしてくる。売上が一定基準に達したところは何％か減免するというのなら、まだ経営戦略レベルでは考えられるかもしれないけどね。

あるいは「マクドナルド」で中国の鶏肉問題があって業績が悪化したときなど、あれは本部の責任もあるから、救済処置としてロイヤリティを下げるのはわかるけどね。売上が一気に3割とか4割とか下がったのだからね。そんな事情もないのに、ロイヤリティを下げるっていうのはダメだね。

ロイヤリティが高くても、それでも加盟したくなるフランチャイズを目指さないとね。高級店と低価格店があるけど、フランチャイズの場合は常に高級店（高収益店）を目指さないとダメだよ。だから「こんなに払っているのに本部は何もしてくれない」っていうクレームは、まだ質が高いんだ。

「値段が高いのに料理がまずい、これじゃ高い金払う価値ねえよ」というクレームならまだいい。「ロイヤリティを15％も取っているんだから、もっとちゃんとやってくれよ」と言いたくなるよね、ちゃんとやらなかったら。逆にロイヤリティが低くて、「このロイヤリティだからしょうがない」と加盟店も諦めているようなフランチャイズじゃうまくいくわけがない。

30

本部として、高いロイヤリティを維持するにはどうすればいい？

フランチャイズ本部は、高いロイヤリティを維持するためにいろんなことをやる。その〝いろんなこと〟っていうのは本部主導による販売促進のための企画であったり、スタッフ研修やフランチャイジー（加盟者）のための交流会だ。

これは高いロイヤリティを取っているからできるのか、高いロイヤリティを取るためにやるのか。卵とニワトリの話のように、どちらが先とも言えないけど、この循環ができあがらない限り、フランチャイズが軌道に乗ったとは言えないね。

そして、そこそこ高いロイヤリティでも儲かっている加盟店が続出してくれば、新規加盟の希望者も後を絶たなくなる。既存の儲かっている加盟店も多店舗化を進めるし、そこに新規加盟希望者も加わって、エリアの奪い合いが始まる。

そういう意味でも、フランチャイジーが儲かれば、フランチャイザー（主宰者）にとってはその店のロイヤリティだけでなく、**新規加盟や新規出店による莫大な波及効果が生まれてくる**。

だからこそ、まずフランチャイジーを儲けさせなければいけない。加盟金に目がくらんで、目先の入金に一喜一憂しているようじゃ、このような好循環は生まれない。儲けているフランチャイジーがいれば、加盟店は勝手に増え続ける。フランチャイジーが儲かっているのに加盟店が増えないフランチャイズなんてないよ。

もうわかったよね。本部にとって大切なのは、まず加盟店に儲けさせることと、高いロイヤリティを維持することによって、質の高い本部であり続けることだ。それさえ守っていれば、既存加盟店の利益率もウナギ登りで、加盟店も爆発的に増え続ける。

第4章

フランチャイズの宿命、テリトリー問題

31

加盟店が増えてくると、テリトリーでもめたりしませんか？

その通り。加盟店が儲かって本部も儲かるって図式ができてくると、加盟店の枝分かれというか、多店舗化が一気に進み始める。第1章で述べたように、多店舗化できることこそがフランチャイズに加盟する利点の一つだからね。

そこへ新規の加盟希望者が押し寄せる。まさに情報時代、虎視眈々とビジネスチャンスを待ち続け、耳寄りな情報に敏感な人も多いから、情報が一気に拡散する。その結果、想像もできなかったような展開スピードで、急拡大するのもフランチャイズの特徴なんだよ。

そうなれば、**テリトリーの奪い合い**だね。加盟者同士だけでなく新規の加盟希望者も加わって、陣取り合戦が始まる。これはもう、儲かるフランチャイズの宿命だね。これが起こらないようじゃ、いいフランチャイズとは言えない。

加盟店をまず儲けさせて、その結果、本部が儲かるようにしなきゃいけないと強調してきたけど、この通りにしたからといって、みんなハッピーで終わるわけでもないんだよ。今度は陣取り合戦、仲間同士の間で戦《いくさ》が始まってしまうんだから。

そのときになって、ロイヤリティをどうしようか、テリトリーはどうしようかなんて言えない。それこそドロナワ、泥棒を捕まえてから縄を編むようなもんだよ。あとからいじろうとすると収拾のつかない混乱をもたらすこともある。

そしてテリトリーの奪い合いは、加盟店同士の問題で終わるわけがない。**必然的に本部も巻き込んだ泥仕合となってしまう**。だからロイヤリティはもちろんのこと、テリトリーについてもフランチャイズを発足させる前に決めておくことが欠かせない。もちろん加盟店への周知徹底も不可欠だ。

32

テリトリーの奪い合いは避けて通れないのでしょうか？

〝フランチャイズ〟って言葉の定義の中には、「地域における営業権」という意味が含まれている。**この地域で、この看板を使い、このノウハウを使って事業をしてもいいですよ**という意味だ。でも、○○市の市内全域の営業権だとか、○○駅周辺を独占できるというふうにテリトリーを明記して契約していればいいけど、フランチャイズに加盟して事業を始めた当初から、将来深刻なテリトリー問題が起こると想像できるフランチャイジー（加盟者）は少ない。

フランチャイザー（主宰者）にとっても、募集を始めた当初は、フランチャイズとしてやっていけるビジネスモデルなのかどうか、当面の資金繰りや広告の仕方で頭がいっぱいになっていても不思議じゃない。

さらに、フランチャイズができて間もない頃は、目の前に未開拓のブルーオーシャンが広がっている。戦国時代の武将並みに、領地は切り取り自由とハッパをかけて、ガムシャラに頑張らせようと思う本部もある。だから後で収拾のつかない大問題となる。

高い加盟金を払ってフランチャイズに加盟して、頑張って軌道に乗せた。次はフランチャイズの長所である**多店舗展開に乗り出そう**と思う。

横浜でうまくいったから、次は川崎がいい。ところが品川で成功した人も、次は川崎がいいと言い出した。このような場合、当事者同士じゃ結論が出ないから、本部が交通整理をすることになる。

これはもうフランチャイズの宿命としか言えないよ。加盟店が儲かっているからこそ起きる問題だ。集合天才だとか、加盟者同士の情報の共有や助け合いだとか、フランチャイズ仲間のコミュニティの利点だとか言ってきたけれど、**テリトリーに関してはモロに利害が対立する。**

だからこそ本部が明確な方針を打ち出すことが求められるが、フランチャイズにおけるテリトリー問題に明確な答えなんてものはない。テリトリー制にするにしてもノンテリトリー制にするにしても、さまざまな問題点を含んでいる。

33

テリトリー問題が起きたとき、本部は対応してくれますか？

フランチャイズの利点が多店舗化できることにあるのだから、遅かれ早かれテリトリー問題は勃発する。加盟店をようやく軌道に乗せ、「次はここだ！」と狙いを定めて進出しようとしたら、フランチャイズ仲間の加盟店もまた、同じ地域を狙っていたなどということが次々と表面化してくる。

まさにフランチャイズの宿命ともいえるテリトリー問題では、当然のように当事者である加盟店同士の利害は対立する。さらに仲間同士のテリトリーの奪い合いは、本部に対しても「これだけ本部に協力したのに、なんで協力してくれないの？」という不満として表面化してくる。

独自の店舗ならば、自分の判断で新規店を作ることができる。ところがフランチャイズの加盟店だと、自分の一存では決められない。思うようには展開できず、**事業計画を立てるためには周辺の加盟店との協議が必要**になる。

その場合、利害の対立する加盟店同士の話し合いに立ち会う本部の姿勢が重要になってくる。

具体的にどうするかは当事者である加盟店同士で協議してもらうにしても、フランチャイズ全体にとってプラスになるかどうかも大切な視点だ。あとは仲間同士なんだからオーバートークを避けて冷静に話し合おうってことかな。

だから「武田塾」におけるテリトリー問題の扱い方で紹介したように、**SNSを使って、加盟店全体が協議の状態を見守れるように公開する**ことも必要になってくる。そうすることによって、それぞれが筋道を立てて自分の主張をするようになるからね。

もちろん、それでもなかなか結論を導き出せないのがテリトリー問題だ。だからこそ本部の側も、まだまだ空白エリアが多いと思っている段階でも、うかつに「ここはお任せしますよ」なんて言っちゃいけないんだ。ちょっとしたリップサービス、フランチャイズ開発担当者のいいカッコをしたいがための一言が、後々で収拾がつかないような大問題に発展することもある。

34

テリトリー問題解決のため、加盟店にできることはありますか？

テリトリーの奪い合いは仕方がない。いいフランチャイズを作るためには避けて通れない。加盟店同士が競争しないってことはあり得ないし、競争していただかないと困る。ときには激しいケンカも避けられない。それだけ当事者の加盟店は真剣になってくれているということだ。

このようにフランチャイズにとっては、テリトリー問題は避けられないということを、加盟店全体に周知徹底しておくことも大切だ。どの加盟店にとっても避けて通れない問題だとわかってもらう必要がある。

同時に、加盟店が増え続けることによって社会的な認知が進み、知名度や信用度も上がるというドミナント効果も生まれる。当事者同士にとっては深刻なテリトリー問題も、**加盟店全体にとってはプラス効果をもたらすことのほうが大きい**。

たぶん加盟店はフランチャイズ全体にとって何が大切かはわかっていると思う。それでも「ここだけは自分に任せてよ」というのが当事者の思いなんじゃないかな。全国にたくさんできてほしいけど、自分の周りだけはイヤだってことだよね。理屈はわかるけど、美味しいとこは私にください、では全体の利益に反してしまう。

そのようなワガママを自重してもらうためにも、フランチャイズ仲間全体が情報を共有できる公開されたＳＮＳの場で話し合ってもらうことが必要だと思う。

もちろんそのための話し合いって、ウンザリするほど時間もかかるし、同じ話の繰り返しが延々と続く。それでも、このような話し合いをないがしろにするようじゃ、後々禍根を残すことになってしまう。

35

本部の一存で、近くにもう一軒できるようなこともありますか？

もちろん加盟店の拡大具合によって、商圏対象を100万人から50万人にするようなこともある。当然それに伴って、100万人都市なら2店舗目の開店を考えることになる。そうすると**今まで100万人だった商売の対象者が半分に減る**から、既存店のオーナーは面白くない。

このような本部の意向もあるけど、一番いいのは加盟店同士が現状を分析して、オープンに事業の拡大を図っていくことじゃないかな。本部のほうも、そこそこ高いロイヤリティを設定して、それでも加盟店が儲かるビジネスモデルを作った先には、加盟店も共通認識として捉えることができるようなエリア戦略を作り上げていくことだ。

もちろん加盟店の多店舗化によって、商圏の対象人口を徐々に細分化していくことになるけど、テリトリー問題についてのオープンな話し合いができるようになっていれば、十分理解してもらえると思う。

ただし本部のほうで戦略的に考えていても、加盟店の不満が残るような場合もある。「セブン-イレブン」の場合など、交差点の斜め前にもう1軒できるようなことが多い。ここに作らないと「ローソン」ができてしまう、などと本部から言われても、既存の「セブン-イレブン」のオーナーにしてみれば、「セブン-イレブン」ができるより「ローソン」ができたほうがまだいいよね。

さらにコンビニの本部は、対象エリアを狭めて、これでもできる、これでもできると店舗数を増やすことによって市場規模を拡大しようとする。そりゃ、**コンビニの場合は商品の売上=本部の売上だから、利益率よりも購買額の増加を重視せざるを得な**

い。

果たしてこのことを「セブン-イレブン」の加盟店が、フランチャイズ全体の利益のためになると思えるのかどうかは難しいところだ。

他の業種のフランチャイズだと、**本部がメインとなる店舗（旗艦店）を作ることがある。**たとえば東北ならば、「仙台にいい直営店を作ったら宣伝になるでしょう」と言う。要するにフランチャイズの加盟店全体のために、お金をかけた店舗を作るということだ。

たしかに本部としては、そういう戦略を立てることもあるだろうけど、近場の加盟店にとっては迷惑千万な話なんじゃないかな。

36

テリトリーを奪い合うメリットなんてあるのでしょうか？

本部にとっては、どんどん加盟店ができて、どんどん売上が上がればいいよ。そして本部は加盟店に対して、このように次から次へと加盟店ができれば、ドミナント効果によって知名度や信用度も上がると説明するけど、なかなか理解されない。同じフランチャイズの競合店が近くにできると、売上が落ちると誰もが思ってしまう。

でも、実際にさまざまなフランチャイズの加盟開発を経験した僕の実感からいうと、

成長するフランチャイズの場合、近くに同じフランチャイズの店ができたとしても、それで売上が落ちることはまずない。もし売上が落ちるようならば、その程度のビジネスモデルでしかなかったってことだ。言い方を変えれば、同じパイを取り合っているようなフランチャイズなら、そこまでのフランチャイズだということだよ。

それでも、「俺の周りでやってくれるな」と思うでしょう。多分に感情的な問題だね。ここが一番難しいところだ。それを上回るポテンシャルを〝いい本部〟としては作らなきゃいけない。

新規の加盟店が次々できても、**既存店の売上は全然減らないどころか、むしろ増えていく**。本当に成功したフランチャイズっていうのは、みんなそのような時期がある。「ガリバー」だって、街道沿いに次々と加盟店ができて、それで一気に有名になって、そこからようやく売上が伸びた時期がある。

「加盟店が数多くできたから、知名度が上がってお客さんが増えた」、これがいいフランチャイズ。「新しい加盟店ができて、お客さんを奪い合って共倒れになった」、これが典型的な悪いフランチャイズ。そうなるかならないかの差は、いかに本部が公平かつ加盟店全体の利益に基づいて交通整理をしたかにかかってくる。テリトリー問題は感情的な禍根を残すからね。

さらにテリトリー問題の調整という交通整理をしながら、全体のパイを広げる努力をしていることを加盟店に理解してもらわないとね。これこそが本部の仕事だ。

37

いい本部はテリトリー問題への対処方法を知っている？

そうだよ。最初は小さいパイを取り合っているけど、加盟店がたくさんできて有名になったら、パイが大きくなっていくという構造を作らなきゃいけない。これが本部の一番の仕事だ。これに比べたら、フランチャイジー（加盟者）を儲けさせるなんて、むしろ簡単なくらいの話だ。

最初に、儲かるビジネスモデルで加盟店を儲けさせる。これは第3章で強調した順序の問題だったよね。加盟店が儲けることによって本部が潤うという順序を間違えちゃいけないって話だよ。

そして加盟店も本部も儲かるようになったら、今度はテリトリーの問題を片づけながら、交通整理をしつつ全体のブランド価値を高めていくことが最重要課題になってくる。**加盟店が増えたら、どの店も売上が増えたというふうに持っていく**。これが第2段階だ。

これをやるためにも、最初の段階で将来像を予想した大きな絵を描いておくことが必要だよ。成り行きで儲かったから次はここじゃなくて、フランチャイズ展開によるいくつかの段階を想定して、最終的にフランチャイズ全体がこういう感じになるという絵を描いておかないと、なかなか交通整理ができない。

それこそ加盟店から新規開店の要望が出てくる前に、この地域にもう1店舗作ったほうがいいとか、半径◯◯メートルごとにお店を展開したほうがドミナント効果が発揮できるとか、**フランチャイズの将来像を加盟店にも共有してもらう**ことも必要だ。

そのことによって、テリトリー問題の処理どころか、加盟店に多店舗化の意欲を持ってもらい、店舗運営のためのモチベーションの向上にも寄与できるようになる。

38

エリア問題は、長期的には収束していくのでしょうか?

僕は『予言の書』って言っているけど、フランチャイズを全国展開するってことは、不動産のデベロッパーが街を作っていくみたいな感じだから、最終的にこの街はこういうふうになりますと示すべきだよ。

一体どういう街になるのですかという質問に答えられなければ、テリトリーの調整のしようもない。将来像が描けなければ、テリトリー問題を抱えた加盟店も納得しようがない。

まちづくりみたいなものだから、ここは全体の利益のためにちょっと我慢してください と言うこともできる。フランチャイズ全体の戦略を考えると、この地域への進出を考えてみませんかと促すこともできる。そのためにも今はこういう計画で、こういうふうになっていて、こういうふうに進んでいますというのを見せていかなきゃいけない。

ヴィジョンの共有が大事というか、**フランチャイジー（加盟者）に対する啓蒙をフランチャイザー（主宰者）はやり続けていかないといけない**んだよ。

なぜなら**普通の人は目先しか見ない**から。これはたしかに現場でお客さんの相手をしていれば、やむを得ないことかもしれない。たとえば進学塾の加盟校の場合、今の生徒しか見えなくなることが多い。いま来てくれている生徒たちを志望校に入れたい。極端な場合、そのためにはこれ以上生徒数が増えると困ると思う教室長もいる。

言っていることはまともでも、目先の生徒しか見えないようじゃ、進学塾としては成り立たない。顧客に対するサービスの向上に努めながらも、１年後、２年後の収益も追いかけるようじゃないと発展できない。

一方で自分のところの既得権に固執して、隣接する商圏に加盟校ができるのを嫌がるフランチャイジーもいる。そりゃ目先のことだけを考えたらそうかもしれないけど、将来像を考えると、違った姿が見えてくることも多い。

「武田塾」などでは沿線の全加盟校が協力して、共同で電車広告などを手掛けている。だって競合する予備校や塾は無数にあって、仲間内で生徒の取り合いをしている場合じゃないものね。

もう一度繰り返すけど、**加盟店が次々できて、それで既存店の売上が落ちるようなフランチャイズなら、最初から将来性のないフランチャイズだったと断言できる。**

最初に加盟してくれた人たちがいて、その人たちのお店が流行って儲かったら、次次と新しい店ができて、お客さんにも流行っているなぁって思ってもらえるようなフランチャイズでないとね。

第5章

そもそも、フランチャイズとは何か

39

ところで、フランチャイズっていう言葉の意味は？

フランチャイズっていうのは、もともとは〝地域〟って意味なんだ。正確に言えば「この商売をあなたの地域でやっていいですよ」っていうこと。だから**フランチャイズ権というのは、地域で商売をする権利という意味**になる。

サッカーとか野球などでもフランチャイズって言うでしょう？「柏レイソル」とか「鹿島アントラーズ」とか「北海道日本ハムファイターズ」とかね。要するに、ある地域において事業展開する権利っていうところからきている。

実はこのフランチャイズって言葉にもさらに語源があって、〝フランク人〟という民族の名前からきているそうだ。そしてフランク人の「フランク」は、「フランクな人」というのと同じ。英語で〝frankly speaking〟とか言うでしょう。これはさっきの地域という話とは全然違うんだけど、「自由にやっていいよ」っていう意味でもある。

たとえば、札幌で「武田塾札幌校」の権利を買ったSさんは、「武田塾」という看板を使って、札幌で自由に商売していいよという意味になる。「武田塾」という商売を札幌でフランクにやってくださいってことだよね。そこでフランクにやるっていうのと、フランチャイズがつながっている。

だからもともとは〝地域を限定する〟という意味だけど、**その場所で〝その看板で商売する〟って意味や、その商売で成功するための〝ノウハウを提供する〟って意味合いがつけ加わってきた**と言える。

40

フランチャイズという商売はどうやって始まったのですか?

カーネル・サンダースが、繁盛していた自分の店「ケンタッキーフライドチキン」のレシピを売って、大儲けしたことが今のフランチャイズという商売の始まりだよ。儲ける方法を知っていたけど、自分で店を出すんじゃなくて、**秘伝のレシピと店を繁盛させるコツを他のお店に教えて、それで伸びた売上から歩合で配当をもらう**という、まさに今のフランチャイズシステムだ。

ちょうど同じ頃、マルチミキサーの営業マンだったレイ・クロックという人が、マクドナルド兄弟の経営するハンバーガー店に出合った。

マクドナルド兄弟のハンバーガー店がすごく繁盛していて、マルチミキサーも次々と売れる。このような店がどんどんできれば、自分の機械も売れるはずだと思ったらしい。

ところが店を増やすべきだと勧めても、マクドナルド兄弟は乗ってこない。そこでレイ・クロックは、**それなら自分がこの店をフランチャイズで広げる担当をするという契約を結んで、マクドナルド兄弟の店に入り込んだ**。

やがてレイ・クロックは、「マクドナルド」という店の商標を買い取り、さらにはフランチャイズ展開の邪魔になってきたマクドナルド兄弟を追い出して、「マクドナルド」を自分のものにしてしまった。そしてその後、一気に全米へフランチャイズ展開して大成功することになる。この創業秘話は〝The Founder〟(『ファウンダー　ハンバーガー帝国のヒミツ』)という映画になって、2017年の夏、日本でも公開された。

Founderというのは創業者という意味だけど、繁盛店を作ったマクドナルド兄弟と、それを乗っ取って広げたレイ・クロックのどちらが創業者かというのは、意見が分かれていて面白い。

繁盛する店のアイデアに価値があるのか、それともそのアイデアをマニュアル化して誰にでもできる店にしたところに価値があるのか？　ちなみに**僕の周りの経営者連中に聞けば9割がレイ・クロック支持派だけど、同じことを社員たちに聞くと半分くらいがマクドナルド兄弟支持派になる**。これも経営者の視点とサラリーマンの視点との違いがわかって面白い。

ちなみにこの映画の原作といえるレイ・クロックの自伝『成功はゴミ箱の中に』はベストセラーになっていて、「ユニクロ」の柳井さんや「ソフトバンク」の孫さんたちが経営のバイブルとして絶賛しているよ。

41

フランチャイズってどのくらい普及しているの?

『週刊東洋経済』に「知られざる25兆円市場」っていう特集記事が載っていた。表紙には街で見かけるフランチャイズ店がズラっと並んでいた。

街で見かけるお店、看板を出しているお店の4割はフランチャイズの加盟店だと言われている。でも僕に言わせれば、さらに3割ぐらいの店はフランチャイズと名乗っていないものの、その疑似形態の店で占められている。いわゆるボランタリーチェーンといったロイヤリティは取っていないものの看板だけは統一している店も多い。
フランチャイズとは言い切れなくても、フランチャイズ的な展開をしている店も多い。それこそ小売店だけを見ても、昔の酒屋さんだとか米屋さんとか文房具店なんて数えるほどになり、6割どころか8割ぐらいがコンビニエンスストアだよね。

それなのに、「フランチャイズなんて、もうそんなに伸びないよ」と、ずっと言われてきた。僕が新卒で働き出したのが1989年だったから、すでに30年ほど前から「フランチャイズもそろそろ終わりだよ」と聞かされてきた。

ところが1991年、92年くらいにバブルが崩壊して、そこから日本経済は停滞するけれど、そのような中でも**フランチャイズは一貫して伸びてきた**。GDPの4倍ぐらいの伸び率で、フランチャイズが成長してきた計算になる。自分の商売のコツ、ノウハウを他人に教えるフランチャイズというビジネスが成立することが実証できたんじゃないかな。

少なくとも、ビジネスモデルを教える側のフランチャイザー（主宰者）は儲かるようになった。だからさまざまな業種のフランチャイズが、雨後の筍のようにできてきた。

42

フランチャイズは「大変な仕事」というイメージがあります……

それこそ「セブン-イレブン」を一つの例にして、フランチャイズの本部が儲かるってことは周知の事実になった。でも同時に、「フランチャイジー（加盟者）って大変だよね」と言われ続けてきた。

そりゃ、たしかに大変だよ。年中無休の24時間営業なんだから。**夫婦で必死に働いても年収は600万円ぐらいにしかならない**。それじゃ〝名ばかり経営者〟で、まるで残業代の出ないサラリーマンと同じだと言われる。夫婦で600万円程度ならば、お父さんの年収400万円ちょっととお母さんのパートの稼ぎの100万円ちょっとを合わせた金額と変わらない。

でも、それでもコンビニをやめないよね。コンビニなんて地獄だと言われながら、それでも次々と増えていく。600万円程度の収入があればやめないってこともあるらしいけど、自分が働いた分だけ稼げるという個人経営者独特のプライドもあるんだろうね。

大変だけど頑張ろうという思いがあるからこそ、今でも年々コンビニが増え続けているんじゃないかな。大変さを知りながらも新たに参加してくる人がいる。これって本部だけが儲かるビジネスじゃ続かないよ。

それと同時に、今ではコンビニのない生活なんて考えられないでしょう。コンビニには、すでに社会的な存在価値が根づいている。単に便利さだけじゃなくて、社会生活を送る上で必要不可欠な存在になりつつある。

自分の存在や働きで、どこかで社会に貢献していたいと思うのが人間だ。お客さんに感謝されるような商売って、やりがいもあるんじゃないかな。コンビニもまた、そのような存在になってきたってことだと思う。

でも、ここまで成長したコンビニだけど、**コンビニをフランチャイズの代表として語られても困る**んだ。数ではコンビニが圧倒的に多いから、フランチャイズといえばコンビニを連想するのもわかるけどね。コンビニはフランチャイズの中でも特殊な存在だと思わないと、フランチャイズの本質が見えてこないよ。

たとえば、この章の冒頭で述べたように地域で商売をする権利がフランチャイズ権だから、フランチャイズっていうのはテリトリーを与えるものだ。だけどコンビニはノンテリトリー制だよね。

ある日突然、交差点の反対側に直営店ができたりする。そこがまずフランチャイズの原則から大きく外れているし、商圏っていうのが与えられていない。

もう一つは、本部があまりにも強力すぎることだ。

43

フランチャイズ加盟店のコンビニは、何もかも本部任せ？

みなさんご存じだと思うけど、コンビニの本部ってすごく強い。ほとんどすべてのことを本部の指示通りにしなきゃならない。**商品開発も、宣伝の仕方も、仕入れ値も、全部本部におんぶに抱っこというか、すべて本部任せだ。**

変えられるのは、弁当を何個にするかという発注数ぐらいだ。それくらいは加盟店に裁量権があるけど、これだって「売れ残りが多いから発注を減らそう」なんてやったら、すぐにスーパーバイザーから電話が入って「少々ロスが出るくらいでないと販売のチャンスを逃しますよ」とクレームをつけられ、結局は今まで通りの仕入れ数になる。

名ばかり経営者というのはそういう意味で、これじゃ経営じゃないよね。本部の指示通りにやるだけなんだから。コンビニの説明会では「みなさんは一国一城の主になるんです」みたいなことは言われるけど、ちょっと違う。完全に本部が親で、加盟店が子どもで、子どもは親の言うことを100％聞かなきゃいけないというのがコンビニのフランチャイズだよ。

ただし、これにも理由があるんだ。コンビニの場合はこうせざるを得ない。「うちはトイレは貸さない」だとか、陳列の仕方を変えるだとか、バラバラな対応を始めたらコンビニにならない。だからコンビニは、言い方は悪いけど、**商売のセンスがよくない人でも儲かるシステム**になっている。

だって以前は、酒屋だって米屋だってたくさんあった。酒屋だ、米屋だっていうだけで商売になっていた時代があった。だけど時代が変わって、それだけじゃ儲からなくなった。

　変化についていけないようなビジネスセンスのない人がやっていたら商売にならない。だからコンビニの本部が、お店に欠けている点をすべてやるようになった。

　このように、「こうしたら儲かる店になる」と強制的にやらせるのが、コンビニの本部のあり方だ。自分たちでやったら絶対に潰れちゃうような店を救ってきたのも、「セブン-イレブン」などのコンビニだよ。だからコンビニの強すぎるぐらいの本部って問題もあるけど、そうせざるを得なかったという事情もある。

　これもまたフランチャイズシステムのすごさの象徴だけど、**フランチャイズとしては特異な存在**だと思わないと、間違った理解をすることになるよ。

44

業種によっては、本部に統制されたほうがいい場合もあるんでしょうか?

それはあるでしょう。僕の実家は酒屋で、今も続けているけど、僕の親父が儲かる酒屋にできるわけないよ。どんなに努力したって儲かるわけないと、物心ついたときから思っていたよ。

そういうお店はたくさんある。だからフランチャイズによってコンビニが爆発的に増えて、まるでフランチャイズの代表のように言われるようになった。しかしフランチャイズとしては〝テリトリーがない〟とか〝親子関係みたい〟なものだといったイビツな構造になっている。

実はその〝親子関係みたい〟なものということだけど、今から30～40年前までは、そういうフランチャイズのほうが多かった。コンビニほどでなくても、基本的には本部の言う通りにやるということが多かった。

それが今ではフランチャイズを取り巻く状況も一変して、親の言うことを聞いていればうまくいくというフランチャイズは少なくなった。自立しないとうまくいかなくなってしまった。試行錯誤させるというか、**加盟店が工夫して頑張らないと、言われた通りにやるだけでは儲からない時代になってきた**。

日本で一番古いフランチャイズは「不二家」と「ダスキン」だけど、「不二家」なんて本部の指示通りにペコちゃんを置いて、本部から仕入れたケーキを並べておくだけで売れたんだ。

だって街にケーキ屋なんてなかったからね。あんなケーキを並べる店がなかった。

だから本部の言うことを聞いて、看板をつけて、ペコちゃんを置いて、商品を並べれば売れたんだ。

古きよき時代だよね。昔のフランチャイズってのは、看板があって、商品を並べることができればよかった。だから古くからフランチャイズ展開しているカー用品の「オートバックス」なども看板さえつければ、あとは商品と車に詳しいスタッフがいるだけで儲かった。

でも今では車に乗る人が少なくなり、カー用品もネットで買える時代になった。だから今度は、**Amazonなどで買ったものを取り付けるサービス**だとか、車検の手配だとか、さらには車を買ったり売ったりすることまで始めた。

以前なら、商品を並べておけば「オートバックス」の看板でお客様が来てくれた。それだけで商売になったけど、今では並べておいたって誰も来やしない。だから個々のお店の独自の努力が必要になってきた。どの業界も、そういうことになってきたんだ。

本部の看板、ブランド、ノウハウだけでやれる時代は終わったってことだね。今では、本部の言う通りにやっていればいいのは、コンビニくらいじゃないかな。

45 加盟店の営業努力は必要ですか？

昔は、看板や本部が提供する商品だけで勝てたけど、今では、それももちろんのこと、やっている人たちの頑張りとか、加盟店のセンスや能力が問われるようになった。そのためにフランチャイズもずいぶんと変わってしまった。もちろんこれはフランチャイズの加盟店だけではなくて、今は物がなかった時代やお店が少なかった時代のやり方では通用しなくなった。

交通の便もよくなったから、以前なら地元の店で買わざるを得なかった物も、ちょっと隣町の量販店に行ってくるなんてことができるようになった。近くに古い喫茶店しかなかったのに、ちょっと自転車を走らせれば、街道沿いに気の利いたファストフード店が軒を並べるようになった。

まして、煌《きら》びやかなディスプレイで飾り付けたフランチャイズ店が林立してしまった今の時代だ。どの店だって本部から提供されたノウハウに従って商売をやっている。隣の店も、その隣の店も、そのまた隣の店も。

これじゃ、店の優位性、差別化が図れない。ペコちゃん人形を置いて、不二家の看板を掲げて、不二家の商品を並べても、それだけではお客さんは来てくれなくなった。

特別セールをやるとか、地域のイベントに参加するとか、独自の広告を打つとか、加盟店独自の努力も必要だし、そのような加盟店の試行錯誤を本部が吸い上げて、アクションリストを提供するような地道な取り組みも求められるようになった。

昔はコツを教えるだけで儲かったけど、やっぱり成熟社会になって、フランチャイズの加盟店もこれだけ増えてくると、まるで金太郎飴みたいに、コツを教わっただけの同じような店ばかりが並んでしまう。

そうなったらコツを教えるだけじゃダメで、加盟した人にもさまざまな工夫をしてもらい、その経験を持ち寄って、常に新たな施策を打ち出していくことが大切になってくる。


フランチャイズにとっては、集合天才っていう考え方が大切だと幾度も強調したけど、そのベースになるのは**加盟店の工夫と営業努力そのもの**だ。そのような加盟店の輪の中心にいて、加盟店に工夫と営業努力を促し、その成果を吸収して、さらにブラッシュアップして加盟店に還元するのもまた、本部の役割になった。

カーネル・サンダースやレイ・クロックの時代からの「商売のコツを教えて、相手を儲けさせて自分も儲ける」という原理原則は同じでも、そのために商売のコツさえ教えればいいという時代ではなくなった。

商売のコツを教えるだけでいいのなら、加盟金でガッポリ稼いで、あとは自己責任でどうぞというのもありかもしれない。だけど長い目で利益を考えるならば、ともに試行錯誤を繰り返しながら努力を重ねて加盟店に儲けてもらい、その結果としてロイヤリティで本部も潤うような仕組みにしていくのが、これからのフランチャイズ本部のあり方だと思う。

46

本部から加盟者へ、どうやってノウハウを伝えるの？

フランチャイズの本部によっては「うちは今までの同業他社を研究し尽くして、素晴らしいマニュアルを作りました」「この通りにやれば大儲けできますよ」みたいに、加盟金という名目で〝商売のコツ〟を売る商売もある。すごい立派なマニュアルがあるとかね。

そのような話に惹かれて、商売のコツさえ教えてもらえれば、あとは自分の才覚で大儲けできるはずだといった、根拠のない自信過剰気味の人もいる。大金をはたいても門外不出の秘伝書を手に入れさえすれば、天下無双の武芸者になれると妄想している人だ。

でも、それを買ったとしても、うまくいかない人がほとんどだ。それこそ大学受験の参考書と同じで、この参考書を完璧に自分の知識としたら１００点が取れるとわかっていても、１００点取れる受験生は皆無に近いのと同じ話だ。

さらに言うならば、木刀も振ったことがないような人が、宮本武蔵の秘伝書を読んだからといって、佐々木小次郎に勝てるわけがない。結局は、経営者の自己責任という話と無責任な本部の存在が混在して、ダメな本部とダメな加盟者を生み出すことになる。

本来の本部のあり方というか、とくに近年になって重要性を増している本部のあり方は、**加盟者と一緒になって創意工夫を繰り返し、時代の変化に合わせながら、さらに高みを目指して登っていく努力**だと思うよ。

同じ参考書（マニュアル）を使っても、成績が伸びる人もいれば、変わらない人もいる。だからこそ、**フランチャイズに参加してくれたすべての人に成功してもらえるように気を配る必要がある。**

それでも過酷なビジネスという世界へ船出するわけだから、必ず挫折する人も生まれるけれど、少なくとも加盟者全員の行く末を見つめ続ける責任が、フランチャイズの本部にはある。

47

フランチャイズって、誰でも加盟できるわけじゃないんですか？

「誰でもいい」って言うんだったら、誰でも成功できるものを本部が用意しておかないとダメだ。誰がやっても成功できるビジネスモデル。これを目指している本部なら素晴らしいと思う。

あとは加盟金をガッポリもらって、商売のコツを教えて、それでおしまいなら「誰でも」って言える。「誰でも」できるって言ったほうが加盟数は増えるからね。

もちろんコンビニのような、それこそマニュアルと本部の指示に従うというがんじがらめのシステムならば「誰でも」務まるかもしれない。さすがに「接客嫌いの無愛想な夫婦二人でもできますか？」と聞かれたら、そのときは二の足を踏むかもしれないけど、それでもやれちゃうだろうね。

それに多少近いのは〝個別指導塾〟だ。〝個別指導塾〟っていうのは塾だから、普通に考えたら先生がいなきゃ始められない。だから誰でもできるわけがない。ところが「明光義塾」が作った塾は、**高卒の人でも、高校中退の人でも、中卒のオーナーでもできてしまう個別指導のシステム**だ。

これはすごいことだ。画期的だった。高卒の人でも学習塾のオーナーができる。自分で教えられる。この仕組みを作ったからこそ大ヒットした。全国に「明光義塾」や、それを真似た「スクールＩＥ」などがたくさんできた。このフランチャイズは「誰でもできる」に近いね。

でも実際には「誰でも」ってビジネスはほとんどない。誰でもできるような単純作業で経営者になんてなれるわけがない。情報誌やフランチャイズの比較サイトとかを見ると、「未経験でも年収１０００万円」だとか、「誰でもできます」とか書いてあるけど、現実にはそうじゃない場合が多いから、いろいろな問題が起こっている。

成功させるってことが本部のマターになったら、成功できそうもない人は加盟させられない。**失敗するのがわかっているのに加盟させるなんて無責任なことはできないね。**

だから「武田塾」にしても、幾度も面談を繰り返しながらオーナーを絞っている。慎重に相手の資質を探りながら、一方で相手を傷つけないように足切りをしている。

そうせざるを得ない。相手を成功させられる自信がなかったら入れちゃダメだし、相手が成功しないとロイヤリティが入ってこない。だからシビアにならざるを得ないし、そうあるべきだと思う。でないと、すでに加盟してくれているオーナーさんたちの足を引っ張ることになる。

48

加盟者を選ぶことも本部の仕事ですか?

フランチャイズに加盟して、本部の指示通りにやっていれば、誰でも成功できるのならいいい。加盟者の資質を問うこともない。看板の影響力がものすごく強くて、それだけでどんどん客が来て、どんどん物を買っていってくれるようなら、セールス力なんていらない。

でもそうじゃなかったら、加盟してくれた人たちが成功できるようにサポートしなきゃならない。それがスーパーバイズってことだけど、うまくいかない人や落ちこぼれそうな人がいたら、的確な指導をして、ちゃんとできるようにしてあげなきゃならない。

だから本来は、スーパーバイザーっていうのは非常に重要な位置づけだ。だって、落ちこぼれちゃった加盟者を救えるならば、みんな成功できるじゃないか。

もちろん10人いれば、上の３人くらいは何も言わなくても成功できちゃう。中間の人たちは「頑張れ」「頑張れ」って言っていればなんとか成功できるようになる。だけど全然できないって人もやっぱりいる。その人たちを引き上げていって、赤字店を黒字にできればいいけど、なかなか難しい。

それがわかっていながら「誰でもできます」といった宣伝で加盟させておいて、「みなさんは独立した経営者ですから自己責任です」などと突き放す本部も多い。

スーパーバイジングというのは支援をするというアクションを示す言葉なんだけど、**加盟者を成功させるためにどこまで支援できるかの見極めも大切になってくる**。だから加盟者を選ぶって意味合いよりも、本部でスーパーバイジングして成功させられる人かどうか見極めることが大切だね。成功させることができそうもない人を加盟させるのは、無責任な本部だ。

知っておきたい言葉

スーパーバイズ（スーパーバイジング）：本来は監督するという意味だが、フランチャイズ業界では加盟者を経営指導すること

第6章

なぜここまでフランチャイズ化が進んだのか

49

今では飲食店も修業なんて必要ないと聞きます

昔は、ラーメン屋さんなんかはフランチャイズ化しにくい業種だった。なぜかっていうと、**材料が同じでも味を均一にすることが難しかった**。茹で方とか湯切り一つで味が変わっちゃうからね。さらにスープだって、同じように作っても味が一定にならないって言われていた。

それが今では技術革新が進んで、スープも寸胴の大きいやつにレトルトのブロックを入れて解凍して、いかにもお店で煮込みましたと演じているところがほとんどだ。

１９７０年代に一気に広がった「どさん子」という店がラーメン店のフランチャイズ化の走りなんだけど、当初はあまりうまくいかなかった。この「どさん子」、今でも残っているけどフランチャイズ展開としては失敗と言える。

なぜかというと、「どさん子」という店名とメニューは統一しても、お店ごとに全然味が違った。だからラーメンはフランチャイズ化しづらいと思われていた。

そのような**ラーメン業界のフランチャイズ化で唯一成功したのが「天下一品」だった**。あそこはスープを京都で作って空輸していた。店舗で作らせたら味が変わっちゃうから、京都のセントラルキッチンで作って、飛行機で送るようにした。それなら味が均一になるからね。

20年くらい前まではそんな感じだったけど、今ではレトルトとか、そういう食品加工の技術が発達した。液体スープと粉末スープを混ぜるとか、カップラーメンみたいなものだけどね。あるいはレトルトにして、ブロックにして冷凍する。これで、かなりのところまで味が再現できるようになった。そこまで技術革新が進んだからこそ、フランチャイズ化もまた急速に進み始めたと言える。

だから今のラーメン屋さんは、フランチャイズかフランチャイズ的なシステムを取り入れた店が多い。看板は統一しないでスープと麺だけ卸しているみたいな会社組織もある。家系《いえけい》とかはそういうのが多いけど、それもやっぱり技術革新のおかげだ。

50

フランチャイズ加盟店と直営店の違いは何でしょうか？

日高屋やサイゼリヤなどは、フランチャイズっぽく見えても基本は直営だよ。看板などは直営でもフランチャイズでも統一しているから、フランチャイズ店と直営店を見分けることはできなくなった。

「モスバーガー」なんかは、各店舗でいろいろとＰＯＰとかを描かせたりしているでしょう。ああいうのって個人店っぽいよね。さらに各店舗でバラバラにやっていても、

「モスバーガー」はモスバーガーっぽい。手作り感を持たせながら「モスバーガー」らしさを維持して、ブレないってすごいよ。

あれは本部が「こういうPOPを作ったほうがいいよ」って指導して、その通りにやっているわけでしょう。ああいうのを見ると「モスバーガー」ってすごいと思う。味を統一するって大変だけど、それができている。さらに、大げさに言えば**フランチャイズとしての「モスバーガー」の文化が守られている**。

「フレッシュネスバーガー」などは、美味しいお店とそうじゃないところってあるけど、「モスバーガー」にはそういうのは、ほぼない。そこはフランチャイズとしてすごくしっかりした風土があるんだろうね。ちゃんとやらなきゃいけない、守らなきゃいけないという風土だ。

トマトのサイズも決まっていて、それをいくつに切り分けるかも決まっている。**店長がお客さんにサービスしたいと思って5㎜厚く切ったら、原価が変わっちゃう。**

だから、ソースをちょっと多めに出しちゃうなどということもやらせない。「モスバーガー」のソースは本部が作って、入れる量も決まっている。だからフランチャイズ店かどうかを見分けるっていうのは、そう簡単ではないかもしれない。

51

「実はこれも」という意外なフランチャイズはありますか？

フランチャイズの悪口を言う人は多いけど、それじゃフランチャイズ加盟店を一切使わずに生活できるかといったらムリだよね。そのくらい世の中はフランチャイズだらけで、フランチャイズ店ではないものの、実質的にフランチャイズみたいなものも多い。

たとえば東京ディズニーランドだって、アメリカのディズニーと契約して、日本のオリエンタルランドがやっている。あれも契約としてはフランチャイズそのものだ。チケット代はもちろん、中で食べるもの、お土産など、すべてディズニーにロイヤリティを払う契約になっている。

その代わりディズニーは、どんどん新しい商品とかアトラクションを提供している。だからコンビニのフランチャイズと何ら変わるところがない。

東京ディズニーランドができる前にも、としまえんや西武園ゆうえんちなどはあったけど、さまざまなイベント企画以外は、いつだって売っているグッズやお菓子も同じ、レストランのメニューさえ何年も変わらなかった。これって昔の酒屋さんや文房具店と同じだね。忘れた頃に新商品が並ぶ程度の企業努力しかしてこなかった。

それが、**世界各地のディズニーランドは、1年ごとどころか新しい季節がめぐってくるごとに、グッズやお菓子やレストランのメニューが変わっていく。**

ディズニーは、コンビニのフランチャイズと同じように、そういうところまで含めてプロデュースして、世界各地のディズニーランドが流行るようにやっている。

経営指導というよりは、商品供給で他の遊園地とは差別化を実現している。だからディズニーランドには、お客さんが来る。そして、儲かった分の一部をピンハネしているんだから、まさにフランチャイズのシステムそのものだ。

他にも、割と知られていないところでは「キッザニア」もフランチャイズ。「カプリチョーザ」「トニーローマ」「ハードロックカフェ」とかをやっているＷＤＩっていう会社の社長だった住谷さんが退職後、海外に行ったときに「キッザニア」を見て、これは面白いと思ったらしい。聞いてみたらフランチャイズだっていうから、じゃあ東京でやりたいと権利を買ってきた。

あれも、子どもにいろんな職業を体験させるという、どこの国でも通用するテーマパークだよね。**企業と組んで、そのノウハウやお金を出してもらってテーマパークを作るって発想がユニークだ。**フランチャイズだからこそ、ビジネスモデルとして短期間のうちに日本へ移植できたんだよ。

52

海外で成功しているフランチャイズは、やっぱり日本でも流行るんでしょうか？

たしかにアメリカで流行ったお店が日本で流行ることも多いけど、一概には言えないね。国が違えば受け止め方もさまざまだ。たとえば**日本では大成功したディズニーランドだって、ユーロディズニーランドはまったく鳴かず飛ばずだった。**

米国のディズニーにも、世界各地に直営でディズニーランドを造るという発想もあったのだろうけど、国情の違いをリスクと捉えるならば、フランチャイズ契約で進出したほうが間違いないよね。

余談だけどフランチャイズって、ヨーロッパでは意外とダメなんだ。「流行っている」「みんなと同じ」みたいなのが嫌われるのかもしれない。「マクドナルド」ですら流行らない。

だからディズニーにしてみたら、やはりオリエンタルランドのような現地に精通した会社にやってもらったほうがいいという結論に達したんじゃないかな。

フランチャイズ本部が、それぞれの国で魅力的な商売をやっていれば、それこそ「キッザニア」みたいにフランチャイズ権を買いたいという人が現れて、世界各地に広がっていくはずだ。

ヨーロッパと違って日本では、米国で成功したフランチャイズが持ち込まれる確率が高い。さらにアジアを見ると、米国のフランチャイズだけでなく、日本の飲食店やコンビニ、さらには塾まで次々と進出している。

日本人がアメリカで流行っているものが好きだってこともあるし、同じようにタイやフィリピンの人は日本で流行っているものが好きみたいだ。「銀だこ」なんかも東南アジアでバカウケだよ。

経済というのは国によって発展状況が違うから、日本とアメリカでタイムラグがあるように、日本とアジアでもタイムラグがある。だから**豊かさへの憧れみたいなものが背景にある**んだと思う。

これまた余談だけど、日本人が抵抗なくフランチャイズを受け入れるのは、昔からフランチャイズに近いビジネスを見てきたからじゃないのかな？

大本山があって末寺があるお寺さんだってライセンス契約に基づくフランチャイズみたいなものだし、各地に教室がある〝お茶（茶道）〟や〝お花（華道）〟や〝踊り（日本舞踊）〟の家元制度もフランチャイズに近い。欧米に対する憧れと日本固有の商慣習が融合したからこそ、日本ではさまざまなフランチャイズが急拡大して、今や本家本元の米国などを凌駕するまでに発展したんじゃないかな。

53

フランチャイズに似た、別のビジネスってありますか？

ちょっと特殊だけど、**「公文式」もフランチャイズそのもの**だよ。「明光義塾」が〝個別指導塾〟を流行らせたけど、それより遥か以前から「公文式」が全国各地に広がっていた。

「公文式」の場合、ちょっとした研修を受けてやり方を教わるだけで、「主婦だって小遣い稼ぎができます」という仕組みでしょう。誰もが「公文式」の先生になれるって仕組みは、フランチャイズで急拡大した「明光義塾」の〝個別指導塾〟と同じだね。〝個別指導塾〟もまた、「高卒程度でも十分教えられますよ」という内容だし、共通点が多い。

このように見てみると、とっくの昔に世の中の店や教室などの7割以上が、フランチャイズあるいはフランチャイズ的なもので、やり方を教えて運営させるという基本的な考え方は同じだよ。

それこそ**AKB48だって同じようなもの**だよ。秋葉原で成功して、その後は大阪、名古屋と最初は人口の多い大都会からだったけど、今では人口が少ないところにもでき始めた。もちろん秋元康さんがフランチャイズだと言ったわけじゃないけど、やり方としてはまったく一緒だよ。

フランチャイズって、同じやり方をすればうまくいくってことだよね？　儲かる商売のコツとアイデアを提供するっていう仕事だよ。その商売のコツとアイデアにすごい価値があるから、お金を出そうという人も出てくる。だから同じように、フランチャイズとまでは言い切れないけど、商売のコツとアイデアを提供するフランチャイズ的な事業が広がってきたように思う。

フランチャイズじゃなくてもフランチャイズ的な要素を取り入れたビジネスが広がり続けているのが、今の時代のビジネスの特徴じゃないかな。

54

なぜフランチャイズに加盟する人が多いのですか?

フランチャイズには〝加盟金〟として何百万円も払い、〝ロイヤリティ〟として売上の5%だとか10%を払うことになる。それでもフランチャイズに加盟して新規事業や事業の多角化を図る人や企業が後を絶たない。

さらにこれも考えればわかることだけど、ロイヤリティは〝利益〟の15%だとか20%じゃないんだよ。〝売上〟の5%だとか10%だから、**〝利益〟を基準に考えたら、そ**

の半分近くを加盟するフランチャイズの本部に納めることになる。前にも紹介したけど、それでもフランチャイズに加盟したいと思わせるような高収益をもたらす事業でなければフランチャイズとしては成り立たない。

おそらくフランチャイズに加盟する人たちの多くも、すでに何らかの事業を経験したり、社会に出て世間の荒波も経験している人だと思う。それも高額の加盟金や開業準備金が必要になるから、そこそこの頭金となる資金を持っていて、さらに銀行借入のための信用力も持っている人たちだ。

そのような、すでに実績を積み上げてきた人たちがフランチャイズに加盟して開業するってことは、**加盟金を払い、ロイヤリティを払ってでもやりたい仕事**だということだ。あるいはそれだけ儲かると思える仕事だよ。

普通に考えると、そんな美味しい商売があるのかと思うけれど、それでも加盟しようと思うだけの商売のコツとアイデアを見出したからこそ、それこそ自分の判断力を信じて、やってみようと思ったんだろう。

たまたま海外旅行のときに「キッザニア」を見かけた住谷さんも、同じようなビジネスを、フランチャイズによって日本でも流行らせようと思ったんじゃないのかな。そこには似たようなことはできるけれど、より確実に成し遂げるためにはフランチャイズに加盟したほうがいいという経営者としての勘も働いたと思う。

コンビニのようなお店はフランチャイズに加盟しないと仕入れもできないけれど、「キッザニア」のような事業は、真似をすればできなくもない。それでも高い加盟金や利益を半分も持っていかれるようなロイヤリティを払ってでもフランチャイズに加盟する道を選ぶのは、その商売のコツとアイデアを考えたフランチャイザー（主宰者）へのリスペクトだけでなく、**すでにフランチャイズとして事業展開していることによる、さまざまな経験の蓄積と教訓、まさに集合天才の生み出した果実を得ることの大切さがわかっているから**だ。

このようにして、多くのマルチフランチャイジーやメガフランチャイジーと呼ばれるような、フランチャイズに加盟して事業展開することによって成功した人たちが生まれてきたんだよ。

第7章

自分に合ったフランチャイズの見つけ方

55
リスクを避けてフランチャイズに加盟する方法はありますか？

「100%成功するフランチャイズがないのはわかりました。なので100%と言えなくても、80%以上の確率で成功するフランチャイズを教えてください」。脱サラした人たち、あるいはこれから脱サラしようという人たちから、こんな相談をされることが多い。

そりゃ、どこがリスクの低いフランチャイズなのかだけなら答えられる。従業員を雇わずに、自分と奥さんが働くという前提で始める無店舗フランチャイズ、たとえば「おそうじ本舗」なんかだとリスクは少ない。自分が体を入れて働くんだもの、従業員に給料を払う必要もないし、赤字の間は無給でも仕方がないと自分に言い聞かせればいいだけだ。

店舗を構えるビジネスなら立地がよくなかっただとか、物件がダメだったとかいうこともある。無店舗で人も雇わなければ、リスクは最小限の自分たちの健康程度になる。

でもそんなことを、わざわざ僕に聞きたいわけじゃないよね？　とりあえずサラリーマンよりは収入がよくて、上司にガミガミ怒鳴られなくて、食えればいいだけの話なら僕が相談に乗るまでもない。たぶん**聞きたいのは将来性があって、事業として成功できるフランチャイズを教えてくださいってことだね**。

ところがこの〝事業の成功〟って意味合いが難しい。何をもって成功と言うかは人それぞれだ。１０００万円の貯金ができて「ヤッター！」と喜ぶ人もいるし、年商で20億円を超えても「こんなに頑張ったのに、まだ上場もできていない」と満足しない人もいる。

夫婦二人で働いていても、フランチャイズに加盟して開業したおかげで家族みんなが幸せに暮らせるようになったと喜ぶ人もいるだろうし、これじゃ残業続きのサラリーマン生活と変わらないと愚痴る人もいる。大切なのは、脱サラした後に何を実現したいのかということじゃないのかな。

56

フランチャイズを選ぶときのポイントは？

どのようなフランチャイズを選ぶかの前に、もっと考えておかなきゃならないことがある。もう一度、脱サラの目的と、何をもって成功と呼ぶかを整理しておきたい。

その前提になるのが、**何のために起業したいか**、じゃないかな。脱サラしてフランチャイズに加盟して起業しようとする場合、やりたい仕事だからということもあるだろうし、事業家として成功して資産家になりたいと思う人もいる。家族ぐるみで一つの仕事をやることに大きな意味と喜びを見出す人もいる。地域に貢献したい、やりがいのある仕事に就きたいって人も多いだろうね。

そんなのわかっていると言われそうだけど、やはり一番大切なのは、脱サラする意味と目的だよ。これを幾度も考えておかないと、**ただ成り行きで会社を辞めて、成り行きで手近なフランチャイズに加盟してってことじゃ、必ず後悔する**ことになる。

フランチャイズに加盟して起業するにしても、経営者になるのだ。一国一城の主ってカッコいいけど、落城の折には首を取られて晒される運命を選ぶということだ。

そして何をやりたいのかという目的の次には、今の状況を見極めることも大切になってくる。これもどのような事業を、どのフランチャイズに加盟してやるのか以前の問題だ。

その場合、みんなは自己資金がいくらぐらいあって、創業資金としてどの程度まで借りられるかを考えるけど、お金って金額の多い少ないの問題だけじゃない。同じ500万円でも1000万円でも、置かれている状況によって重みがまったく違う。

ちょっと考えればすぐにわかるけど、独身の場合と妻帯者で子どもがいる場合では、月々の生活費の額も違えば、精神的負担もまったく違ってくる。

独身ならば失敗しても、またイチからやり直せばいい。だけど妻帯者で、まして幼い子どもがいようものなら、家族を路頭に迷わせるわけにはいかない。手元に**同じように５００万円の手持ち資金があったとしても、その５００万円の重みに雲泥の差がある。**

57

投資する金額はどうやって決めればいいですか？

開業後の収入についても、独身者なら軌道に乗るまでは我慢できることも、妻子持ちなら子どもたちにひもじい思いはさせられない。同じ500万円だとか1000万円という金額でも、そこからいくら出せるかは人によって異なる。その後の収入だって、商売には必ずといっていいほど振れ幅があるので、リスクとの兼ね合いで見込みを立てざるを得ない。妻子のいる人には、当然最低限の収入を見込める事業でないと手が出せなくなる。

一方で、やりたい業種によってもいくらぐらいの投資が必要なのかが変わってくる。さらにアーリーステージ（初期段階）のフランチャイズか、定着したフランチャイズかでも投下資金が変わってくる。

個人でも3000万円だとか5000万円程度なら準備できる人もいるけど、多くの脱サラ組は小資本で始めざるを得ない。自己資金が500万円で、創業資金借入で1000万円、あとは親や親戚からの借入で充当ってのが多いんじゃないかな。

そのために自ずと、**当初資金が少なくて済むアーリーステージのフランチャイズを選ぶことが多い**。ただし、一般的にアーリーステージのフランチャイズはブルーオーシャンのような伸びる余地があるが、まだまだ海のものとも山のものともわからないからリスクも大きい。一方で、すでに定着している「モスバーガー」などでは、大きく外す心配はないけど利益率も低いし、これから伸びる余地も少ない。

だからアーリーステージのフランチャイズは家族持ちでリスクを取れない人には不向きだけど、一方でそのような家族持ちは貯金があっても、すべて注ぎ込むなんてことができない。すでに軌道に乗っている、安定したフランチャイズだと高額すぎて手を出せないということになる。

58

自分に合ったフランチャイズを選ぶコツはありますか？

たしかに、やりたい事業は何なのかということと、どのくらいの資金が投入できるかが大前提になるはずだけど、長年フランチャイズに関わってきて感じるのは、別の要素だ。

それが性格。フランチャイズでは、事業を始めたい人の性格が大きく影響していると思うことが多い。その性格は、明るい暗いじゃなくて、**伸びるフランチャイズを志**

向するか、安定しているフランチャイズを志向するかで大きく変わってくるということだよ。

さらにこの性格は適性でもあって、本部の社長との相性の良し悪しや、子どもたちに教えるのが好きだから塾や予備校のフランチャイズへの加盟を考えるとか、自分に合ったものを選ぶことが大切じゃないかな。もちろん自分が好きでなければ夢中になれない人もいれば、儲かる仕事ならば何でもやれる人もいる。

だからフランチャイズ選びって、やりたい業種の選び方だけじゃないし、資金力だけでもなくて、**結局はどのフランチャイズでやりたいのかという、その人の性格や相性に左右されるから、相談されても個別対応しかできない**。

先に、選ばれるフランチャイズはフランチャイザー（主宰者）のキャラが立っていて、加盟の決断は加盟説明会で受けた社長の印象によることが多いと述べたけれど、自分に合っているフランチャイズって、人との出会いと印象に左右されることが多いようだ。

だからまずは自分を取り巻く環境と資金力などの状況をよく知って、そこから選択できるフランチャイズを選び出して、さらに自分の性格も勘案して選ぶことが大切になってくる。

ただし注意すべきは、**すぐ儲かるとか、儲けるためにはどれがいいって基準だけで判断すると、間違える率が高くなる**ということだ。やはり人って儲け話で騙される。儲かってそうに見えたり、簡単に儲かりそうだと思ったときは要注意、立ち止まって考える必要がある。

だから僕は「長期的な視点で選んだほうがいいですよ」「自分の適性に合わせて将来を考えて、専門学校を選ぶようにフランチャイズを選んでください」と言い続けている。

59
儲かるらしいけど、やりたくない業種なので加盟を迷っています

長期的な視点で、それこそ自分がスキルを身につけるために専門学校に入るぐらいのつもりでフランチャイズを選ぶといい。

フランチャイズに入ることで成長しようって感じかな。「おそうじ本舗」に入れば掃除の仕方や営業の仕方を身につけられる。「武田塾」だったら大学受験のノウハウと塾経営のノウハウを教えてくれる。それを習って、自分のものにして、稼いでいく

って視点のほうが間違いがない。

専門学校を選ぶ場合、やりたくない分野は選ばないだろうし、やりたいことと合わせて自分の適性も考える。たとえば僕なら、間違っても「アニメの専門学校に入ろう」とか「ボーカルスクールに入ろう」なんて思わないし、誰だってトンチンカンなものは選ばないと思う。さらに専門学校を選ぶときには、将来性も考える。

ここで専門学校にたとえたのには、もう一つ理由がある。フランチャイズも専門学校と同じで、１年前に入った先輩、２年前に入った先輩がいる。その先輩たちを見れば自分の将来像も見えてくる。さらにわからないことは先輩に聞けばいい。

〝長期的な視点〟で〝専門学校を選ぶ〟つもりで自分に合ったフランチャイズを探せば、必ず見つかる。そのためにも「こんなに儲かりますよ」って話は聞き流したほうがいい。ホント、金儲けっていうのは判断を狂わせるものだ。「介護が儲かる」と聞けば「俺は介護の仕事に就きたいと思っていたんだ」、「これからは金融だ」と聞けば「俺には金融の仕事が向いている」と思ってしまう。

人間というのは、有利だと思うと自分が好きだと勘違いする。同じようにフランチヤイズでも「これからはこれだ!」って話には洗脳されやすい。ともかく簡単な儲け話には乗らないことだ。

60 フランチャイズで成功するための心構えを教えてください

学校に入るような受け身の姿勢ではダメだよ。脱サラして経営者になる覚悟が必要。フランチャイズの選び方で成功する人も失敗する人も出てくる。同じフランチャイズの加盟者の中でも、成功する人もいれば失敗する人もいる。

起業するって思ったときから事業は始まっている。言葉を換えればサバイバルゲームは始まったということだ。フランチャイズを選ぶ時点で、あるいは資金調達を考えた時点で、勝負は始まっている。この二つがすでに〝起業〟そのものだ。

だって、いいフランチャイズを選べなければ、いずれ事業は行き詰まる。いいフランチャイズを選べなくて騙されてしまうような先見性のない奴に取引なんてできるわけがない。さらに、今は比較的楽な環境だけど、資金調達ができなければスタート地点にも立てない。そもそもお金を集められないような奴に営業なんてできるわけがない。

ここで失敗したら先がないぐらいの集中力と冷静な判断、そして行動が必要になる。最初が肝心って言葉は、一人で判断しなきゃならない脱サラ組ならば、とくに必要なことだ。

そのためにも大切なのは**〝情報弱者〟にならないこと**だ。フランチャイズ本部のホームページを見ても、公式サイトだけだといくらでも盛ることができる。その点、元気なフランチャイズはオーナー同士のやり取りなども活発だから、自然と見えてくるものもある。2ちゃんねるなどはフェイクニュースも多いけど、そのフェイクニュースだって活発なのにはわけがあるんじゃないかな。

第8章

フランチャイズで成功をつかむには

61 個人事業主がフランチャイズに加盟するメリットは？

いろいろあるけど、主なものを列記してみよう。

①その商売の経験がなくても、すぐに商売ができる

ラーメン屋さんをやろうと思っても、以前ならば、たぶん最低でも3年は修業しなきゃいけなかった。でも今では、ラーメン屋さんのフランチャイズに入りさえすれば、

1か月ほどの研修を受けるだけで開店できる。これがフランチャイズ利用のメリットの一つだ。フランチャイズへ加盟金を払うことによって、修業や準備に要する膨大な時間を短縮することができる。

②儲かる商売、差別化された商売のノウハウを提供してもらえる

3年も修業して、個人でラーメン屋を始めたとしても、流行るラーメン屋ができるかどうかはわからない。最高のラーメンを作ることができたと思っても、世間に受け入れられて流行るラーメン屋になるとは限らない。でもフランチャイズ加盟のラーメン屋ならば、すでに流行っているお店のやり方を伝授してくれる。

③すでに一定の信用と評価がある

個人のお店の場合は、時間をかけて顧客を獲得して、信用と評価を築き上げていかなきゃならないけど、フランチャイズ店の場合は既存店によるドミナント効果もあって、開業時にはすでに一定の信用と評価を得られている。

④一気に多店舗展開を図ることができる

これは幾度も強調してきたことだけど、1軒目でうまくいけば一気に多店舗展開を図ることができるってことだ。また最近では、地元という地の利を生かして、最初に手掛けた業種だけでなく、別の業種のフランチャイズ加盟店を作ることも多い。ミニ・マルチフランチャイジーってとこかな。

62

フランチャイズ加盟で起業することの弱点は?

フランチャイズ加盟による起業の弱点というよりは、起業する人の問題点のほうが大きい。

フランチャイズ加盟による個人事業主の起業にはさまざまなメリットがあるけど、だからといって誰もが成功するわけじゃない。加盟募集で「誰でも儲かる」と言っていても、そうじゃないことはフランチャイザー(主宰者)が一番わかっている。

やるのはその人だから、どれほど懇切丁寧にやり方を教えても、それでもできない人って必ずいるよ。だからうまくいかないことの原因がフランチャイズにあるとは言い切れない。

本人の資質というか、商売とは何かがわからない人は、フランチャイズ加盟の検討以前に、脱サラや起業を思い直したほうがいいと思う。

先に例としてラーメン屋を挙げたけど、ラーメン屋に限ったことじゃなくて、学習塾でもハウスクリーニングでも全部一緒で、**サラリーマンから経営者になるってことの意味がわかっていないと失敗する**。

フランチャイズ加盟によって修業や準備の期間が短縮できて、儲かる商売のノウハウを提供してもらって、ドミナント効果で信用や評価を得られて、多店舗展開のチャンスに恵まれても、なぜか「この人は失敗するな」と思った人のほとんどは挫折している。

だから起業相談で、**僕が面談するときに見るのは、「この人は商売をやったことがあるのか」ということ**。「見たことがあるのか」でもいいんだけどね。「親がやっていた」でもいいし、「奥さんの実家が商売をやっている」だけでも全然違う。

サラリーマン家庭で育って奥さんも公務員の娘、こういうのが一番危ない。もちろん勉強したと思うけど、**〝感覚〟が違うから知識ではカバーできない**ことが多い。

たとえば「リスクを取るんですよ」「商売っていうのはリスクがあるからね」といってもリスクという言葉の捉え方に違いがある。正確に言えば、経営者が使う「リスク」とサラリーマンの言う「リスク」は、意味が違う。サラリーマンが言う「リスク」は、失敗して評価が下がるとか、ボーナスが下がるとか、肩身が狭くなるとか、上司に怒られるとか、その程度のことだよね。

「マネジメント」という言葉についても同じで、元サラリーマン氏も「私は30人ぐらいの部下をマネジメントしてきました」なんて言うけど、それと社長として30人の社員を束ねることはまったく違う。

63

経営者になる際、どんな自覚が必要ですか？

僕だって営業部隊を束ねていたけど、上下関係はあっても、それは同じサラリーマンとしてだよね。ただ単に同じ仲間同士の中の一番上だっただけでしょう。それと経営者とは違う。仲間ならマネジメントしやすい。「俺は、お前らの味方だ」って言っていればいいいんだから。

精神論みたいだけど、「商売とは何か？」「商売人とは何か？」を今一度考え直さないと、フランチャイズ加盟によるせっかくのメリットを生かすことができなくなる。
フランチャイズ加盟による起業って、容易に可能性が広がるからこそ油断大敵だ。
物事って、取り組む姿勢一つで大きく変わってくる。

サラリーマン時代に「自分は守りのタイプじゃない」「攻めが得意です」と言っていた人が、脱サラして塾を始めたら「広告費をかけて反応がないと生活費がなくなる」とリスクが取れないでいる。

でも商売って、基本的には先にお金が出ていくのが普通だ。たとえ借金してでもお金を用意して、それを先に突っ込むのが商売だ。その上でうまくいったら、後からリターンが得られる。

フランチャイズ加盟で塾を始める人に「まずはチラシを大量に撒くことが必要です」と言っても、「どれくらいの反応が期待できるのですか？」と聞いてくる人がいる。そりゃフランチャイズだから過去のデータぐらいはある。でも「過去のデータによると、10万枚撒けば最低でも５人ぐらいは入るようです」と答えれば、これこそ無責任な誘導になってしまう。

平均は言えるかもしれないが、過去のデータなんて、エリアも違えば時期だって違う。商売経験のある人ならば、参考のために聞くことはあっても判断材料にはしない。

一方で**サラリーマン経験者は、必ずと言っていいほど過去のデータを判断材料にする**。結果的には失敗でも、自分に対する言い訳の根拠ができるからだ。会社組織の中で生きてきた人の習性が、こんなところに出てくる。

だから脱サラ組に「やってみないとわからない部分が多いのです」なんて話をすると、ビビっちゃって、躊躇してしまう人が多い。これが〝リスクが取れない〟ということだよ。

フランチャイズ加盟審査の面談のときなどは、商売経験者より明瞭に事業への熱意を語る人がいる。そのときの熱意は本物でも、商売人としての感性が伴わないと、後で苦労することになる。

64 起業で失敗しないコツなんてありますか？

フランチャイズ加盟審査の面談のときに悩むのが、この人のやる気、決意は本物かどうかってことだけど、事業は短期決戦とはいかないから、それと併せて**モチベーションを持続できるかどうか**も検討しなきゃならない。

もちろん加盟審査のための面談だから、少しは誇張したことも言うと思う。でもそれ以上に本人も心から起業したいと思っているだろうし、このフランチャイズに加盟したいと心から思っているはずだ。

起業したいから脱サラした。何が何でも成功してみせる。最初は誰だってやる気十分で、決意も固い。面談のときの決意に嘘はない。それなのにやる気が持続しなくなる。その大きな原因が、誰もが「加盟すればうまくいく」と思い込んでいることじゃないかな。

フランチャイズ本部に対する過度の期待と、自分自身への根拠のない自信。それでもやはり面接する側の僕にしてみたら、「この人はすごくやる気がある」と思わざるを得ない。だからフランチャイズに加盟してもらって、ともに歩もうと思ってしまう。

それなのに加盟の前と後では話が違ってくる人もいれば、ちょっとした躓《つまず》きでやる気が失せてしまう人もいる。やはり、やる気とかモチベーションとかは瞬間最大風速で判断すべきじゃないと思い知らされることになる。だって男は「君のためになら死ねる」なんて簡単に言うし、たぶんそのときは、本心からそのように思って言った言葉だからね。

それとフランチャイズに加盟しようと思う人の一つの特徴だけど、依存心の強い人が多いことも事実だ。依存心が強いっていうか自立していない。でも言い方を変えれば、自己顕示欲を抑えてでも堅実に事業に取り組みたい人たちが多いとも言える。

これも弱点ではあるものの、自覚できていれば有利な性格にも転換できる。

起業で失敗しないためには、まずは自分の欠点を自覚することだ。かの孫子の兵法でも「彼を知り己を知れば百戦殆《あや》うからず」と言っているでしょう。

整理すると、

①商売というものがわかっていない

②やる気が持続しない

③依存心が強くて自立していない

以上３点が脱サラなどで起業しようとする個人事業主が失敗する原因だ。それこそ、この３点を自覚できていれば、大概の場合うまくいくはずだ。

孫子の兵法通り「己を知れば」だから、フランチャイズへ加盟して起業しようと思っている本人が、自分の弱点を自覚できていれば「百戦殆うからず」になると思うよ。

65

起業でうまくいくために意識すべきことは何ですか？

もちろん、その人の能力、資金、とりまく環境なども大事だよ。その条件次第で、どのフランチャイズを選ぶか決まってくる場合も多い。そこはなかなか変えられないとみんな思っている。でも自分の意識さえきちんとしていれば、さまざまな制約があってもフランチャイズ選択の幅を広げることもできる。

すでに紹介したように、自己資金としては同じように500万円を持っている二人の人がいても、一人は独身で実家暮らし、もう一人は妻帯者で子どもが二人いて賃貸住宅に住んでいるとしたら、使える資金の額は全然変わってくる。

使える資金の額だけじゃなくて、**独身で実家暮らしの人ならばストック型のビジネスモデルのフランチャイズにも参加できる**。たとえ収入が途絶えても、食うにも寝るにも困らないから、少々のリスクなら取れるし、半年ぐらいは赤字を覚悟しなきゃならないけど、そこからは確実に伸びていくという事業を選ぶことができる。失敗する人も結構いるようだけど、当たればデカいっていうフランチャイズを選択することもできる。

一方で子どもが二人いるような妻帯者は、明日の生活費や家賃も心配しなきゃならないから、手持ちの500万円だってうかつに使えないし、すぐにも収入が確保できるフランチャイズを選ぶしかなくなる。さらに奥さんがどう思うかなど、自分一人では判断できないこともある。

ここまでの話は、まさにその通りで異論をはさむ余地がないように思うけど、でもちょっと待って。本当にそれでいいんですか？　ってことだよ。

たとえば手持ち資金が少ない場合、初期投資額の低いフランチャイズを選ぼうとする。同じ業種の中でも、加盟金やロイヤリティが少なくて済むところを選ぶ。コンビニだと「セブン-イレブン」を諦めて、「デイリーヤマザキ」を選ぶようなものだ。

もちろん「デイリーヤマザキ」にもいいところはいっぱいあるけど、手持ち資金が少ないからと「デイリーヤマザキ」を選んだとすれば意味合いが違ってくる。ここで言いたいことは、このような現実があるにはあるけど、果たしてそこで諦めていいのかってことだ。

商売ってさまざまな制約があることも事実だけど、**「仕方なく」**だとか、**「やむなく」だとか、「周りに言われたから」だとかの言い訳が通用しない**世界でもある。

結果がすべてだという自覚、それこそが商売を始めるために欠かせない商売人としての感性だよ。そのためにも、今置かれている現実を変えることができるのは、自分自身の気の持ちようや意識変革しかないと思う。

第9章

フランチャイズの特徴を見極めた活用法

66

自分の意識を変えるのは、なかなか難しいです……

それ以前の問題として、「仕方なく」だとか、「やむなく」だとか、「周りに言われたから」という言い訳が通用しないってことだよ。

現況を変えない限り失敗するとわかっているのに、それでも「仕方ない」「やむを得ない」「周りに言われたから」と諦めるのだろうか？　今の状況を変えない限り危ういと思いながらも、何も手を打たないのだろうか？

まずは、初期投資の自己資金が足りないって話から始めようか。

僕は基本的に**資金がない、お金がないのは、フランチャイズを選ぶ場合の制約条件じゃない**と思っている。「お金がないから、やむなくこれしかできません」ってのは、そもそも商売人の発想にはない。

中途半端に始めるぐらいならやめたほうがいい。お金がないからと、同じ業種の中でも加盟金が安くて、その分何もやってくれないフランチャイズを選んだのでは、将来必ず後悔することになる。「セブン-イレブン」に参加したかったけど、お金がないから「デイリーヤマザキ」にしたようなものだ。

この場合の解決方法なんて簡単そのもの。足りない分は借りてくればいいだけだ。お金なんて、あるところにはいっぱいある。銀行なんて貸したいのに借りてくれる人がいなくて困り果てている。自己資金がまったく用意できていないと銀行も貸しづらいけど、その自己資金だってせいぜい数百万円を用意すりゃいいだけだ。親に兄弟に親戚に友人、彼らに自分が取り組みたい事業説明をして、借りてくれればいいだけの話だ。

67

起業するとき、借金をするのがなんだか後ろめたくて……

それが商売人とサラリーマンの一番の違いかもしれないね。

脱サラして独立を考える人たちの中には、「借金なんて」と思っている人が多い。あるいは日本政策金融公庫から創業資金として借りることには抵抗がないのに、親戚や知人から借りることを躊躇する人もいる。

借金への抵抗感がありすぎる。**借りたものは返せばよい**。これは相手が日本政策金融公庫だろうと親兄弟だろうと同じことだ。出資や借金は、滞留しているお金、遊んでいるお金の有効利用であることも変わりがない。

サラリーマンの人たちでも、住宅ローンを組んでマイホームを手に入れようとする。土地神話があって常に不動産が右肩上がりに値上がりしていた時代と違って、今の住宅ローンは自己満足のための借金そのものだ。それこそ自分のために借金している。

一方で、**事業のための借入は、ビジネスのためのタネ銭そのもの**だ。収益を生み出すもとになる軍資金だ。その軍資金も用意しないで戦に臨むほうがどうかしている。

これから戦に臨みます。そのための軍資金を貸してください。それが言えないようなら、今までの親兄弟や親戚、友人との付き合い方の問題で、ビジネス以前に本人の人間性に難があったということだから、生活態度をあらためることから始めなきゃならない。

トヨタだって、あれだけ内部留保があっても金融機関から莫大なお金を借りて事業で回している。ソフトバンクだって何兆円もの借金をして次々と事業拡大を進めている。多くの会社が株式市場に上場するのも、資金調達のためだから、借金と何ら変わるところがない。

お金を借りてくる、軍資金を集めるといったビジネスの初歩の初歩ができないようじゃ、事業家としての素質がなかったと思うしかない。**まずはお金を借りるというアクションに営業力と交渉力を発揮する**。それができなきゃ、起業して新規開拓の営業なんて無理に決まっている。

68

多少無理しても、儲かるフランチャイズを選ぶべきですか？

100%じゃないけど、ある意味、初期投資額が低いフランチャイズは質が悪くても当然と言える。

初期投資にかかる加盟金やロイヤリティが低いっていうのは、同業のフランチャイズの中でも、**低くしないと応募者が集まらないから**だ。

新規参入の塾のフランチャイズならば、「明光義塾」や「やる気スイッチ」などブランドが確立しているところより、加盟金を低くせざるを得ない。

先に挙げたコンビニの例だと、**加盟金もロイヤリティも「セブン-イレブン」が一番高い**。「デイリーヤマザキ」はその3分の1程度だ。さらにパンにはチャージがからないなどの優遇策も取っている。だから以前は「基本的にコンビニって同じでしょ」と、加盟金の安い「デイリーヤマザキ」に加盟する人も多かった。

でも売上がまったく違っていた。1日当たりの売上は、「セブン-イレブン」では60万円ぐらいあるのに、「デイリーヤマザキ」では30万円程度に留まる。1日でもこの違いだから、1年で1億円も違ってくることになる。

もちろんコストパフォーマンスを考えながらだけど、**初期投資の資金調達についでは思い切った決断も必要になってくる**。それともう一つ、これも運転資金と関係するけど、自分が体を入れるフランチャイズか、そうでないフランチャイズかで事業どころか人生も変わってくる。

体を入れるっていうのは、コンビニなどでは自分が店長として働き、学習塾の場合などでは自分が教室長として全部やるってことだよ。脱サラの人たちは、それまで自分自身が先頭に立って働くことが当然だったから、人を雇う場合でも先陣を切って「黙って俺についてこい」とばかりに働き始めてしまう。自分の人件費は計算に入れないし、自分の店や教室ならば人一倍熱心に取り組む。これならば人を雇うよりもリスクが低くなると思ってしまう。

でも、一生懸命働いているという自己満足は得られるかもしれないけれど、商売の基本、**経営者としての自覚が希薄なものになっていく**。だから僕が幾度も口を酸っぱくして言い続けているように「商売がわかっていない」ってことになっていく。

69

従業員を育てることの必要性って何ですか？

学習塾を1教室やったとする。生徒が50人になれば、売上も150万円くらいになる。自分が教室長をやっていれば家賃などを払っても70万~80万円は残るんじゃないかな。この利益って、若い人ならサラリーマン時代の手取りの倍かもしれない。儲かったと思うだろうね。

儲かったから次の教室を出そうとする。そうすると今度は教室長を雇わなきゃいけない。給料を30万円ぐらい出す。ところが給料を30万円ぐらい出すと、会社としての負担は社会保険料などを入れて40万円くらいになる。それだと生徒が前回と同じように50人ぐらいになっても、オーナーの手元に残るのは30万～40万円程度まで減ってしまう。

さらに、２校目を開校して、すぐに50人くらいの生徒が集まればいいが、実際には半年程度かかると思ったほうがいい。その間、１校目の場合は自分が給料も取らずに我慢していたけれど、雇った教室長には給料を払い続けなきゃならない。

たぶん、その補塡分も１校目の収益から出すことになるが、１校目の収益そのものがオーナーが自分で働いているから出ている。おそらくは２校目の立ち上げ資金だって借入だろうから、１校目の立ち上げ資金の残りの返済と２校目の立ち上げ資金の返済に、２校目が軌道に乗るまでの教室長の給料の負担分までも、のしかかってくる。

そして、このときを待っていたかのように疫病神が動き出すものだ。**それがもう一つのリスク、予期せぬ病気や事故との遭遇**。これはフランチャイズに加盟して始める商売だろうと独立店舗だろうと、商売をする上での最大のリスクだ。

たしかに塾だって、あるいは僕が支援している「心身健康倶楽部」というパーソナルトレーニングジムだって、1か所だけで教室長やトレーナーを自分でやっていれば、そこそこ儲けることができる。

大儲けなんて狙わずに、多店舗化なんて考えないで、堅実に商売をしたいという人にとっては、それはそれでいいことかもしれないが、病気や事故への対応はどのように考えるのだろうか。

生命保険などの補償額を増額したとしても、もしもの場合、あなたが始めた事業はどうなるのか。サラリーマンならば休職中も誰かが代わってやってくれるだろう。でも**個人事業主の場合には、従業員を育てておかない限り、代わってくれる人がいない。**

事業を始めたときの夢や希望は、儚《はかな》くも雲散霧消することになる。

70 なぜそこまで多店舗化が重要なんですか？

フランチャイズのメリットの一つとして、多店舗化できることを幾度も挙げてきた。大企業が常に多角経営を追い求めるように、個人事業主として始めても、**早期の多店舗化こそが事業の安定化、リスクヘッジのために欠かせない**ように思う。

それでも1店舗、あるいは1校舎で堅実にやりたいというのも一つの見識かもしれないが、そのような人たちには「くれぐれも病気や事故に注意してください」と言うしかない。

最初は自分が率先して働いていても、一つ成功したら人を雇って、次々と新規店を展開できるのもフランチャイズに加盟する醍醐味だと思う。先に、1校目では自分が教室長をやって、2校目を作ったときには人を雇うことになるから苦しくなるって話をしたけど、それでも多店舗化する意味がある。

商売って、最初は赤字で四苦八苦するのが普通だ。それでも、その先を見ているから頑張ろうって気になるんじゃないかな。そして同じ店を次々作るのが本来のフランチャイズの姿だから、フランチャイズに加盟して起業するってことは多店舗化へ向けた一歩を踏み出すことでもあると思う。

だから**多店舗化が可能なフランチャイズかどうかも、フランチャイズの選択基準に入れておかなきゃならない**。「セブン-イレブン」などのコンビニは、家族ぐるみで取り組んでこそ儲かる商売だから、多店舗化には向かない商売でもある。その分、堅実であるとも言える。

ところで、将来性のある業界ならば多店舗化も可能で、成熟した業界ならば多店舗化が難しいと思う人がいるが、必ずしもそうじゃないところが面白い。そんなこと言ったら学習塾なんて、子どもの数が40年前の60％程度にまで減っている。

この市場は伸びるとか、競合状況はどうかなんてどうでもいい。デジカメが普及する前の時代のような写真の現像ショップなど、誰の目にも明らかな時代遅れのビジネスでもない限り、フランチャイズ加盟店としては成功できる可能性がある。

やはりフランチャイズを選ぶ上で重要視したほうがいいのは、自分の好き嫌いだ。フランチャイズの場合は、何かに乗っかる形での起業だから、いくら好条件でも嫌いな船には乗らないほうがいいと思う。

71

収益性だけで決めるのは危険ですか?

起業する場合は好き嫌いに関係なく、とにかく利益率だという人が多い。それでもやはり塾だったら、儲かるからってことよりも、教えることが好きで子どもが好きだからっていう人のほうが、創業時のモチベーションを維持できる。

収益性が高いフランチャイズと、そうじゃないフランチャイズがあるけど、それはフランチャイズに限ったことじゃない。フランチャイズであろうがなかろうが、収益性が高い業界って、いろいろと難しかったり、流行り廃りに巻き込まれる危険性も大きい。

この場合の〝難しい〟の意味は、誰でもできるわけじゃないってことだ。〝流行り廃り〟も、今は流行っているから収益性が高いけれど、廃れれば元の木阿弥になる危険性があるってことだ。

一番顕著なのは飲食だ。「肉巻きおにぎり」とか「十円まんじゅう」とかも、流行ったと思ったら、すぐに消えてしまった。それほど極端じゃなくても、ブックオフ創業者の坂本さんの「俺の株式会社」が作った「俺のイタリアン」や「俺のフレンチ」ですら、すでに下火になっている。あんなにマスコミが騒いで流行っていたのにね。だから収益性だけで見ると、その流行っているときだけで判断することになる。でもこのような場合、今は流行っているから収益性が高いんだと思わなければいけない。それが続くわけじゃない。

逆に「コメダ珈琲店」は、収益性からみたらさほど高くない。投資に対して、そんなに儲かるわけでもない。初期投資に1億円もかけて、6～7年でようやく回収できる程度だ。それでも収益が安定しているから、企業などが多角化の一環で取り組むフランチャイズとして人気がある。

脱サラしてフランチャイズ加盟で起業しようと思う人たちは、残念ながら情報弱者が多い。だから、数少ない情報誌や起業情報サイトに振り回されることになる。最初に紹介したように「年収1000万円続出!」なんて文字が躍っている。

この続出って言葉、もしかしたら10人に一人の割合かもしれない。1割しか成功しなくても、100人いれば10人の成功者が出たことになる。当然残りの90人はそこまで儲かっていないはずだが、**それでも10人が成功すれば「年収1000万円続出!」と書けるん**だ。

72

情報誌や情報サイトで、引っ掛かりやすい落とし穴はありますか？

情報誌や情報サイトは広告収入で成り立っているのだから、記事の体裁が整っていて興味をそそられるような内容でも、フランチャイズの加盟開発、売り込みだと思って間違いない。**99・9%、何らかの形で誇張されている。**

でもまだ広告ならば、幾度も読み返して、キャッチコピーの裏側にあるフランチャイズ本部の思惑を読み取ればいい。このような雑誌と情報サイトは、誇大広告で構成されているものだと思って読めば、そうそう騙されることもない。

問題は、フランチャイズ開発に関わる営業マンのセールストークだ。**この世の中に、フランチャイズ加盟を勧める営業ほど簡単なものはない**。夢を見せるだけで、物を売るわけじゃないから、いくらでも話を膨らませることができる。

脱サラして起業を目指している人に「社長、社長」と声を掛ければいい。キャバクラでキャバ嬢が、誰かれなく「社長さんですかぁ〜」と甘えた声を掛ければいいのと似ている。キャバクラの客以上に社長を目指しているお客さんだから、「社長」って言葉は一直線に突き刺さる。

「社長ならできますよ。年収1000万円は固いですよ」

「僕も多くのお客さんを見てきたから、社長ならできるって確信をもってお勧めできます」

競馬の予想屋と同じように、彼らは決して当たり外れがあるなんて言わない。「俺にもできるかな」とつぶやいても、「できますよ、社長なら」と目をキラキラと輝かせて答える。

この場合の目がキラキラは、「ヨッシャー、カモがネギを背負《しょ》ってきた」と嬉しくなってきたからだけどね。

世の中には、まともなフランチャイズのほうが多いんだけれど、中には加盟金目当ての詐欺同然のフランチャイズもある。時代のニーズに合わなかったり運営方法に難があったりして、ポンコツ同然のフランチャイズだってある。

情報誌や情報サイトに出てくるフランチャイズは、ここで言うところの〝まともなフランチャイズ〟よりも、オイシイ話で客を集める加盟金目当てのところだったり、すでにポンコツ状態になって最後のあがきをしているフランチャイズが多い。

それなのにお客さんである個人事業主予備軍は、可能性というものをセールスされているわけだから、漠然とした夢のような話に乗りやすい。

この毒牙から逃れるには、**加盟者自身が起業のために必要な情報をかき集め、自らの見識を高めて加盟すべきフランチャイズを選ぶしかない**。それも、いいフランチャイズかどうかだけでなく、自分に合ったフランチャイズを選ばなければならないのだ。

第10章

フランチャイズに向く人、向かない人

73

聞けば聞くほど、選び方がわからなくなってきました……

僕はアメリカのフランチャイズも見てきたけど、**アメリカでのフランチャイズ加盟って日本と全然違う**。

本部がシミュレーション結果を示しても「こんなんじゃダメだ。黒字になるまでの期間を半分にするには何をやったらいいか？」、契約書を読んで「こういうこともやりたいが、契約違反にならないか？」と聞いてくる。やるのは自分だと自覚しているからこそ出てくる質問だ。

だけど日本では、そのような質問など皆無に近い。「今までに加盟して開業した人たちはどうなっていますか?」「平均的な売上はいくらぐらいですか?」「これまでの加盟者は、開業資金としていくらぐらい準備していますか」と、周りがどうかばかりを気にしている。

まるで、周りがうまくいけば自分もうまくいく、周りが失敗するようだと自分もうまくいかないだろうと、**判断基準を平均値に求める傾向がある**。

しかし成功者の多いフランチャイズだからって、自分が成功できるとは限らない。うまくいっていないフランチャイズでも、自分がやったら大成功するかもしれない。

さらに「おおよそでいいんですが、黒字になるのは何か月後ぐらいからでしょうか?」と聞いてくる人がいる。フランチャイズに参加すれば本部が事業を成功させてくれると思っているのだろうか。

脱サラ組の中には、商売がわかっていない人が多いと幾度も述べてきた。

事業の分野を選ぶのもあなたなら、どのフランチャイズが一番相応しいかを選ぶのもあなた、そのフランチャイズに加盟して新規出店するための資金を集めるのもあなた。どのようにして成功にたどり着くかもあなた次第だ。

その場合、自分のやりたい業種であることはもちろん、アーリーステージのフランチャイズか、成熟したフランチャイズかなども、自分の好みで選んだほうがスッキリする。

これはよく言われている通り、アーリーステージのほうは伸びる可能性はあるけど、本部自体がダメになってしまう可能性もある。一方で、成熟して大きくなったフランチャイズは安定しているけれど、初期投資額が高くなり、収益率も低い。**どちらを選ぶかはフランチャイズ加盟者の性格と能力次第だ。**

74

まだ成熟していないフランチャイズは、危険ではないですか？

あらためてアーリーステージの場合のメリットとデメリットを整理しておくと、アーリーステージのフランチャイズは、仕組み自体ができあがっていない。ビジネスモデルすら紆《う》余曲折《よきょくせつ》を経ながら変更されていく。

そのような未成熟なフランチャイズ組織と固まっていないビジネスモデルを、本部と一緒に作っていくことに喜びを見出す人もいる。すでに大きくなっているフランチャイズを見ても、**アーリーステージから参加していた人たちは莫大な利益を得ている**。軌道に乗ってから参加した人のほうがうまくいっているフランチャイズなんてお目にかかったことがない。

その原因だが、言うまでもなく自分の希望する場所で始められるという利点がある。さらにこのフランチャイズは成功するだろうと、人より早く実感できるから、陣取り合戦（新規テリトリーの確保）でも出遅れることがない。そしてこれは少し意外かもしれないが、**フランチャイズを成功させるという経営力が身につく**ことだ。

アーリーステージから本部と一体となって成功事例を作り上げてきた人は、数多くの失敗も経験してさまざまなノウハウを身につけている。後から参加した人たちは、その人からノウハウを聞くことはできたとしても、作った人とそれを聞いた人とではやっぱり経験値に大きな差が生まれる。

ノウハウには、言語化、形式化できない部分があって、それを経験値として持っているのは、先行して取り組んだオーナーたちだけだ。

うまくいったフランチャイズには、後から巨大資本が入ってくるケースも多い。

たとえば「ガリバー」には、最初は小さいガソリンスタンドしか加盟していなかった。ガソリンスタンドにも資本規模によるランクがあって、大きなチェーン店などは仕入れ値が安いのに、小さなガソリンスタンドは仕入れ値が高いといった不利な条件に置かれていた。

だから小さいガソリンスタンドは経営維持に必死で、このままでは食っていけなくなると「ガリバー」に取り組み始めた。

ところが、そのような小さいけれどもアグレッシブなガソリンスタンドがどんどん成功していくものだから、やがては大きいチェーン店が「じゃあ、俺は20か所やるよ」と、一気に急拡大することになる。

でもガソリンスタンドは、国道や県道沿いにある。「20か所やるよ」と一気に増やした大きなチェーン店は、売上額は跳ね上がったけれど、**利益率の高い一等地はアーリーステージから参加していた小さいガソリンスタンドに押さえられている**。道路は全部つながっているから、先行して開業したところのほうが有利なのは言うまでもない。

それどころか後発の大きなチェーン店の「ガリバー」参加によるドミナント効果によって、一等地に陣取った「ガリバー」加盟店の売上が伸びることになったんだ。

75

フランチャイズビジネスに向き不向きはありますか？

フランチャイズの選び方は自分の好みや志向でいいけれど、それ以前に性格的にフランチャイズに向いているかどうかという問題がある。フランチャイズに加盟して成功するタイプと、フランチャイズで成功できないタイプだ。

自分がどちらのタイプなのかを見極めてから、フランチャイズ加盟で起業するか、フランチャイズなどに頼らずに自分で起業したほうがいいのかを判断してほしい。

フランチャイズ加盟で成功するタイプを一言で言うと〝素直な人〟だ。人から教わるビジネスだから素直じゃなきゃダメだ。**あまのじゃくな人や自己主張の強い人はフランチャイズには向かない**。

だから僕なんてまったく向かない。毎年のように、これはイケるって話に遭遇するけれど、フランチャイズ加盟で開業しようとは思わない。素直じゃないことは自分自身がよくわかっている。数多くの成功例や失敗例を見てきたから、自分でやったら失敗するって断言できちゃうところが辛い。

僕は〝戦闘力〟って言い方をするけど、自立してビジネスをやれるような人を「戦闘力が高い」というふうに表現している。戦闘力が高すぎるような加盟者の場合、本部では持て余すことになる。

たとえば、すごく商売上手な人がコンビニを始めたら、「これはこうしたほうがいいのに」と思うことも多く、次々と本部へ提言したりクレームをつけたりするはずだ。ところが大概の本部では、すでにビジネスモデルも確立していて、今のやり方に自信も持っている。他の加盟者を迷わせるような言動は控えてほしい。

自然と本部との関係もギクシャクし始め、加盟店の運営にも支障を来し始める。だから一般的なフランチャイズの場合は、**素直で戦闘力が「そこそこ」の人のほうが成功しやすい**と言える。

76

フランチャイズ経営に最適なのはどんな人？

素直なことがフランチャイズに加盟して成功する人の最低必要条件だといっても、素直なだけではダメだ。戦闘力が低すぎるようだと、多店舗展開への意欲も起きないだろうから、結局は「そこそこ」の成功に留まってしまう。

一方で戦闘力が高い人、ビジネスがうまい人は、独創力があって自分一人で何でもできる人が多い。自信もあるから、自分の判断で次々と仕事を広げようとする。だからフランチャイズには向いていないが、だからといって独立独歩、唯我独尊でやっていたら、結局は自分一人でできる能力の限界を超えられない。

フランチャイズに加盟してその利点を生かさなければ、集合天才による新たな知識や知恵やノウハウの習得もできないし、みんなで一斉にやることのドミナント効果も得られない。結局は一匹狼で、お山の大将のままで終わることになる。

フランチャイズに加盟するということは、本部やフランチャイズ加盟の仲間たちと協調することによって、足並みをそろえて成功へと突き進むことだ。戦闘力が高くても、まずは素直にフランチャイズの方針を受け入れ、はやる気持ちを抑えて、**本部や同じフランチャイズ仲間との折り合いがつけられる人が一番いい**。

フランチャイズで大成功する人たちは、本来は自分一人でも成功を引き寄せる能力を持った人たちが多い。そのような戦闘力を秘めながらも、フランチャイズが提供するビジネスモデルの優位性に共鳴して、さらに自分を抑えてでも本部やフランチャイズ仲間との折り合いをつけるからこそ大躍進を遂げることができている。やはりこれも個々人の持つ性格だと思う。

最近の「武田塾」で大成功した顔ぶれを思い浮かべてみても、塾ぐらいは自分ででできる人たちばかりだった。言うまでもなく戦闘力の高い人たちで、それでも一歩引いて本部やフランチャイズ仲間との折り合いをつけてきた人たちばかりだ。

77

夫婦でフランチャイズを始めるメリットはありますか?

前項では仲間との折り合いという言い方をしたが、戦闘力と素直さにもう一つつけ加えなければならないのが〝仲間〟という要素だ。

仲間が成功しても、「すごいね」と喜べる人と、そうでない人がいる。素直に喜べないのは、負けて悔しいという競い合う気持ちからだと思うが、そのような**嫉妬心が先に立つようでは、フランチャイズには向かない。**

フランチャイズ仲間の成功は、必ずフランチャイズ全体に相乗効果をもたらすはずだ。それなのに「あの地域は特別なんだ」などと、他人の成功を喜べない人がいる。これも性格かな。

当然のようにフランチャイズ仲間同士でも、それぞれの展開する店や教室の地域的条件は異なる。だからこそ一人ひとりの生み出す経験が蓄積されて教訓となり、ナレッジマネジメントの効果を発揮するようになる。そのためにもフランチャイズ加盟者に求めたいのは、「素直さ」「戦闘力」、そして「仲間意識」だ。

素直さや節度のある戦闘力がフランチャイズ参加で成功する人の特徴ならば、フランチャイズそのものの成功の可否は、フランチャイズ参加者の仲間意識にあると言っても過言ではないと思う。

そして夫婦の折り合いだけど、**コンビニがこれだけフランチャイズとして急成長したのは、夫婦二人でやっていることが多いから**だ。夫婦二人で一生懸命やるから安定している。

「セブン-イレブン」の1号店は、豊洲にあった山本酒店という酒屋さんだ。この山本憲司さん、「1号店をやらせてくれ」と熱い手紙を本部に出したのに「独身じゃダメです」と断られてしまった。独身だと社会的信用がないと言われたらしい。するとは山本さん、「セブン‐イレブン」に加盟するために、すぐに相手を探して結婚したらしい。素直さが大切だと前項で書いたけれど、超素直そのものだ！　それにしても、コンビニに奥さんが大事なのは、その後の経緯を見てもわかる。

フランチャイズに加盟する人の必要条件である仲間意識とは異なるが、**脱サラで独身っていうよりも、奥さんがいて協力してくれるほうが、明らかに成功確率は高い。**

それでなくても脱サラしてフランチャイズに加盟して起業しようとしたときは、猛烈に奥さんに反対されたのに、いざ起業してみたら奥さんのほうが活躍しているって例が多い。

女性のほうが堅実だし、ちょっとうまくいったら高級車を買ったり、キャバクラ通いを始める馬鹿亭主と違って、先のことも考えながら着実に前進するのも女性かもしれない。

第11章

多角化のためのフランチャイズ活用術

78

企業のフランチャイズ加盟が増えているのはなぜですか？

最近また企業関係者が、フランチャイズの説明会に来ることが増えたよ。バブルの崩壊以降も堅実な企業は多角化の一環としてフランチャイズを利用していたけど、2008年のリーマンショックや、2012年のベンチャー・リンク（P27）の倒産の影響もあって、企業からのフランチャイズ参加は一時期影をひそめてしまっていた。一方で雇用形態の変化なども影響して、脱サラ組や脱サラ予備軍の人たちがフランチャイズの説明会に押し寄せるようになった。

それが今、あらためて企業がフランチャイズ加盟による多角化に乗り出し始めた背景には、**さまざまなフランチャイザー（主宰者）が登場するようになって事業分野の選択肢が広がったことと、日銀のゼロ金利政策により金融機関や企業に余剰資金が有り余っている状況がある**んじゃないかな。

とくに地方銀行は、地元の有力企業を抱えている。これらの取引先は、老舗の地場産業が多いから資産は持っている。信用上は問題ないが、その多くが斜陽産業で収益率が落ちていて、貸出名目が立たない。

「社長、今コインランドリー投資がいいらしいですよ」

「３０００万円でコインランドリーを作れば、30年ぐらいは年10％程度の収益が見込めます」

銀行は貸したくてしょうがないのに、本業には貸せない。でも**フランチャイズに加盟して新規事業に乗り出すのならば融資の名目もできる**ってとこかな。

大都市で流行っているものを地元に持ってくることで地域振興を図るという錦《にしき》の御《み》

旗《はた》もある。地元を知り尽くしている企業だからこそ、最適なフランチャイズビジネスを手掛けることもできる。

フランチャイズ加盟によって脱サラ組など素人が新規事業に乗り出すことができたのと同じように、**地方の有力企業にとっても、新規事業への参入障壁を取り除く役割を果したのがフランチャイズだった。**

79

大企業が参入したら、個人事業主の加盟店は勝ち目がなさそうですが……

個人のサラリーマン投資家でも、数千万円どころか億の単位のお金を動かせる人もいるし、企業といっても小零細という言葉通りの会社もある。だからすべて同じようには語れないけど、**大企業と、個人や小零細企業の取り組むフランチャイズでは明確に方針が違う**。

たとえば選択肢として「コメダ珈琲店」と「武田塾」があったとする。立ち上げ資金は「コメダ珈琲店」は1店舗1億円、「武田塾」は1教室1000万円。「コメダ珈琲店」は安定しているが利益率は低くて、投下資金の回収に7～8年はかかる。「武田塾」は成長著しく利益率も高くて、投下資金の回収は3～4年で終わる。この場合、大企業が多角化の一環としてフランチャイズ参加を考えるとき、どちらを選ぶだろうか。

脱サラしたての個人事業主ならば、初期投資額が少なくて、さらに利益率の高いほう、「武田塾」を選ぶだろう。でもそれが大企業なら、初期投資額が大きくて、安定しているフランチャイズ、「コメダ珈琲店」を考える。

大企業の場合、**初期投資に1億円もかかるのならば、誰もが簡単に参入できる事業じゃないと考える**。真似しにくければ競争相手が生まれない。だからじっくりと事業に取り組める。さらに1億円程度の借入なら、今までの信用で簡単に借りられる。それこそが他社が真似のできない自社の実力だと考えている。

さらに個人事業主の場合は、いつから黒字化できるのかが最大の関心事で、損益分岐点を超えて、いつから通帳のお金が減らなくなるか、持ち出しがいつまで続くのかということ以上の悩みごとはない。

一方で大企業の場合は、ある程度は予算を組んで投資しているので、回収が始まる時期よりも**ROI（資本利益率）こそが最大の関心事**となる。そうなるとやはり「コメダ珈琲店」のほうが、回収時期は遅くても流行り廃りに影響されない安定事業だと判断されることになる。

このように大企業と個人事業主の志向に違いがあるからこそ、個人事業主もアーリーステージのフランチャイズ加盟などによって、大きく飛躍する余地を残しているとも言える。

知っておきたい言葉

ROI：資本利益率（Return On Investment の略）。投資した資本に対して得られた利益

80 なぜ大企業が利益率でフランチャイズを選ばないのか不思議です

先ほどの例だけど、大企業が1億円の余裕資金の有効利用を考えたとして、「武田塾」を10校舎作れば、「コメダ珈琲店」1店舗への投資金額と同じになる。それでも大企業は間違いなく「コメダ珈琲店」を選ぶはずだ。**その理由は、〝参入障壁が高いほうを選ぶのが大企業〟としか答えようがない。**大企業になるまでの企業マインドも影響しているかもしれない。

「武田塾」の関係者からすれば、「武田塾」のほうが、利益率が高いだけじゃなくて、他の予備校などとの差別化ができているから、「コメダ珈琲店」より安定的かつ確実なビジネスだと言うかもしれない。それでも大企業の経営者ならば即座に「投資規模の小さい事業は流行り廃りに影響されやすい。参入障壁が低いから、今は利益率が高くても、すぐに過当競争に巻き込まれる」と答えると思う。

これは株式市場と同じで、「東証マザーズ」や「東証ジャスダック」のような新興市場の株は値動きも激しくて、せいぜい小金持ち程度の投資家が大多数を占めている。大金持ちは、年5％程度の運用益でいいと割り切って値嵩株《ねがさかぶ》を買う。

だからフランチャイズに対しても、個人と法人、中小企業と大企業では選択基準が違ってくる。さらに今まで手掛けてきた業種によっても、物差しが変わってくるから面白い。まるで住んでいる世界が違うくらいに判断基準に差が出てくる。

大企業の場合は、それぞれの拠《よ》って立つ事業基盤の延長でフランチャイズを見ているから、それはそれで大切なことのように思う。言い換えれば、**法人にとってフランチャイズに加盟して事業拡大を図ることのメリットは何か**ということだよ。

81

フランチャイズ参加で多角化する企業の狙いは何ですか?

どのような企業でも、関連産業の環境や動向に運命をゆだねざるを得ない。そしてどのような産業や業種であろうと、時代の流れの中では流行り廃りからは逃れられない。だからこそ**最大のリスクヘッジが、複数の業種で事業基盤を固めることにある**のは誰にでもわかることだ。

古くは最大手の製鉄会社が養豚業に進出して話題になったこともある。そりゃ「◯◯製鉄養豚場」の看板が掲げられていればニュースになって当然だ。

同じような事例は以前からあったが、今ではフランチャイズへの加盟という形を取るので、進出企業の名前が出ることがなくなった。

さまざまなフランチャイザー（主宰者）の登場によって、企業が自分の名前を冠さなくとも一定の信用を得られるようになったことも、フランチャイズ利用による多角化が進んだ要因かもしれない。さらに企業がフランチャイズシステムを利用して多角化を図るようになったのは、他業種への参入障壁の低さなど、いくつかの利点によるものだ。その主なものを挙げてみると、次のようになる。

それぞれのフランチャイズの成功例や経験値に裏づけられた事業計画を立てることができるので、大企業においても稟議を通しやすい。さらにまた、本業との相乗効果が期待できる事業もあり、**今までの経験と実績を生かしつつ、本業の守備範囲を広げる**役割も果たせる。

たとえば「ガリバー」に加盟するガソリンスタンドだとか、「牛角」に加盟するスーパーなどは、フランチャイズ店経営で得たノウハウを生かして、本業の収益を向上させた会社が多かった。

また、個別指導塾「ＩＴＴＯ個別指導学院」などは建設業界からの参入が多かったけど、その理由は外からはなかなかわからないと思う。建設関連の会社が学習塾なんて、真逆といえば真逆だから。でも、その一見相容れない業界に取り組むには、明確な理由がある。それは〝お金の流れ〟だ。

建設業界というのはお金の流れが悪い。具体的に言えば入金が極端に遅いんだ。手形払いが当たり前で、大きな工事をしても代金が回収できるのが半年後なんて仕事がザラにある。それでも働いてもらっている職人さんたちには毎月の給料を出さなければならない。つまり会社が人件費分などを何か月も立て替えることになる。このように**資金繰りで苦労している業界の筆頭が建設業界**だよ。

対して学習塾業界は、建設業界とは真逆の〝資金繰りがいい〟業界。仕入れは一切ないし、生徒は月謝を前払いして、働く講師には後払い。生徒は9月に10月分の授業料を払って、10月に働いた講師の給与は11月に払えばいい。

この〝お金の流れ〟は、資金繰りがよくない業界からすれば、まるで別世界に見える。「そんな楽な資金繰りなら、絶対潰れないじゃないか！」と思ってしまう。たしかに大きな工事に比べたら個別学習塾1校舎の売上はかなり小さいけど、それなら5校舎、10校舎とやればいいということで、建設業界が個別学習塾のフランチャイズに取り組む。これが異業種のフランチャイズに加盟することの一つのパターン。**本業の構造的な弱点を補うフランチャイズに加盟する**という考え方だ。

そのような考え方からすれば、外食、飲食業を本業とする会社が、コインランドリーのフランチャイズに参画するといった考え方も正しい判断だと言える。天候不順は飲食業にはマイナスだけど、コインランドリーにはプラスという関係だよ。週末の雨は飲食業には痛いが、コインランドリーでは勝手に売上が伸びていく。となれば、経営者としては、週末が雨でも少しは気が楽になるはずだ。ポートフォリオ的な考え方だ。

また飲食業は、今のような〝人が採れない〟時代には苦労する。そんなときでも、人を使わない無人店舗のコインランドリーは展開できるし、相性がいいと思う。

82

企業がフランチャイズに加盟する意外なメリットはありますか？

とくに規模の大きい会社はＲＯＩ（資本利益率）で投資を考えると紹介したけど、フランチャイズ利用による新規事業への進出は、それ以外の＋αも多いんだよ。それに気づいた会社も多い。

まずは、**まったく違う業界を垣間見ることによって、自分たちの業界に欠けている**

視点やシステムを取り入れることができる。その学びを、本業に生かすことができる。

たとえば「牛角」には「パートナーズ・フォーラム」というナレッジコンクールの仕組みがある。「牛角で働けば、給料をもらいながら経営の勉強ができる」と動機づけして、アルバイトスタッフのモチベーションをアップさせている。

普通ならば店長など管理職の教育に力を注ぐところを、「牛角」では直接お客さんと接するパート、アルバイトの質の向上こそがお店の命運を握っていると考えたところがすごい。一般にはナレッジコンクールといっても、従業員同士を競わせるイベントに留まっていたものを、些細な現場レベルのアイデアさえも共有するシステムにしたところが違っていた。それもパートやアルバイト中心の一大イベントにしてしまった。

この方式、当然スーパーマーケットや家電量販店など、パートやアルバイト中心に運営している大型ショップにも使える。目からウロコ、**超大規模量販店が焼肉屋から学ぶ時代**なのだ。

もう一つは、まさに今の世相の反映、人材採用におけるフランチャイズの役割だよ。

とくに今、若者の地方からの流出が止まらない。先行きの見えない地元の地場産業に魅力を感じない若者が増えている。

フランチャイズって、**東京や大阪などの大都会で流行っているビジネスを自分たちの地域に持ってくる仕事だから、若者にとってもやりがいがある**ことは言うまでもない。会社の儲けだけでなく、自分たちが生まれ育ったこの地域に最先端の店などを持ってくるんだから、夢もある。

「うちはそういう会社です」と言えるようなら社長も楽しいし、社員だって楽しい。社歴が100年だとか地場産業だとかいう謳い文句よりも、「この地域に新しい流行りのお店を作ります」という一言のほうが、この会社で働いてみようと思うきっかけになる。

83

フランチャイズで多角化することで、企業内にどんな変化がありますか？

基本的に自分たちが今まで手掛けてきた業界とはまったく違うところに進出できるわけだし、それこそ飲食業だって、カッコいい、いま流行りのお店を作るわけだから、優秀な人材が集まってくる。あるいは「武田塾」のような教育業界の場合など、**他の商売と比較しても優秀な学生アルバイトが集まってくる**。

それこそ最初は塾の生徒で大学進学を目指していた高校生が、大学に合格した後は塾のアルバイト講師になり、大学を卒業した後はそのまま塾に就職して校舎長になることもある。

最近ではいくつかのフランチャイズに加盟してさまざまな業種を手掛けるマルチフランチャイジーも多いから、塾の校舎長を経験した後に他のフランチャイズ事業の担当になり、塾などを運営するマルチな企業の幹部社員になっている例も多い。

企業にとってもフランチャイズ加盟による新規事業は新たな出会いをもたらすが、そのようなところで働くスタッフにとっても、新たな出会いとチャンスに恵まれたエキサイティングな世界だよ。

ともすれば企業への就職が現実との妥協、生活のための諦めになりがちな今の時代に、フランチャイズ加盟による新規事業立ち上げや事業の多角化を図る企業は、新たな可能性を追いかける夢追い人の集団のようなものだと言える。

さらにもう一つ、**フランチャイズに加盟することによって、他業界の人たちとの付き合いが始まる**という利点もある。それも具体的な事業を通じての付き合いだから、異業種交流パーティなんていう単なる名刺交換会に留まらない。

さまざまな経験と情報を共有することにより、今手掛けている事業の経営効率がアップするだけでなく、新規事業へと発展する可能性も生まれてくる。それこそ実践的異業種交流と言ったほうがいいような、刺激的なビジネスチャンスをもたらすのもまた、企業がフランチャイズで多角化を図る理由かもしれない。

84

企業は自分たちで事業を始めたほうが儲かるんじゃないですか？

フランチャイズを利用した事業の多角化の目的は、蓄積してきた資産の有効利用だけじゃないよ。

そこそこの実績を作り上げてきた企業ならば、資金力や信用だけでなく人材も豊富だろうから、自前で新規事業を立ち上げることだってできるはずだ。

それなのに単独で取り組まずに、多額の加盟金まで払ってフランチャイズ参加の道を選ぶのは、新たな着眼点を生かした事業との出合い、今までは縁のなかった新しい人たちとの出会い、そしてさまざまな業種の経営者との人脈、このような＋αがあるからだと思うよ。

さらに時代の流れに沿った、注目されている事業に取り組むことによって、より敏感に時代の変化を捉えることもできるはずだし、首都圏など大都会で歓迎されている新鮮な事業を地域のために導入するという役割が果たせる。

フランチャイズ利用による企業の多角化も、ここまでくれば儲けがどうのこうのというより、人が育つとか、地域に貢献できるというように、企業の値打ちを上げたり、企業の社会的地位の向上に欠かせないものになってくる。言ってみれば、**収益を上げながらいろいろと学ぶことができて、最終的には会社ごと変革できる**というのがフランチャイズ利用による企業の多角化かもしれない。

一時期、リーマンショックやベンチャー・リンクの倒産によって、企業がフランチャイズから遠ざかるという時期もあったけれど、「コメダ珈琲店」のように立ち上げ資金に1店舗1億円かかるような法人向けのフランチャイズも次々と登場するようになり、今また中堅企業がフランチャイズに熱い視線を注ぐようになっている。

フランチャイズって、人もお金も活用できるという最高のモデルなんだから、それも当然と言えるよ。

第12章

フランチャイズドリームを手に入れる方法

85

世界的企業になったフランチャイズはありますか？

フランチャイズは、力の弱いフランチャイザー（主宰者、本部）と、商売上のノウハウを持たない弱者のフランチャイジー（加盟者）がお互いの弱点を補いながら強者（大企業）に立ち向かう手段だ。

すでに紹介したカーネル・サンダースは、そこそこ人気のあるお店をやっていたけど、車の流れが変わったために儲からなくなった。困り果てたカーネルは、自分のレシピを使って商売を始める方法を売り込み始めた。これがフランチャイズビジネスの始まりだが、当時のカーネルは、これはもう敗者と呼んだほうがいいような、完全な弱者に過ぎなかった。

「サブウェイ」も、まだ17歳だったデルーカという青年が、大学の学費を稼ぐために作った店だ。貧しかったデルーカ青年に「お前の考えたサンドイッチ屋の発想は面白い」「1000ドル出してやるから店を作って学費を稼げ」とお金を出してくれた人がいた。このデルーカ青年も、**弱冠17歳でお金も信用もない、弱者そのもの**だった。

高価格・高品質を謳い文句にした日本発祥のハンバーガーチェーン「モスバーガー」だって、**証券会社に勤めていた男が脱サラで始めた**店だった。

「マクドナルド」はアイスクリームのマルチミキサーを売っていたレイ・クロックが、マクドナルド兄弟からハンバーガー店のオペレーションノウハウと、全米に店を広げる権利を買い取ったことが始まりだと先に紹介した。

これだってマルチミキサーを売りたいがために、いちセールスマンが買い取った権利だったわけで、**出発点はいち個人、素人経営者の無謀とも言える挑戦だった**と思う。

86

資本力があって人材もいる大企業が断然有利ですよね？

弱者がフランチャイズを利用して大成功したという話は数え切れないほどあるのに、**大企業がフランチャイズで成功したって話はほとんどない**。せいぜいイトーヨーカドーグループが手掛けて成功させた「セブン-イレブン」ぐらいしか思い浮かばない。

たしかにコンビニの「セブン-イレブン」や「ローソン」は親会社が大企業だったし、山崎製パンが作った「デイリーヤマザキ」などもある。

でも当時の状況を振り返ってみると、「セブン-イレブン」を発足させたイトーヨーカドーだって、当時は数ある大型スーパーのうちの一つに過ぎなかった。そのイトーヨーカドーが「セブン-イレブン」で成功して、同じように商品供給したいダイエーや山崎製パンが追随しただけだ。

さらにコンビニの場合は、フランチャイズの中でも特異な存在であることは幾度も述べた通りで、コンビニのフランチャイズ化は例外中の例外と考えないと、本質を見誤ることになる。

他にフランチャイズでの事業展開としては、タニタの「タニタ食堂」や、タニタの知識と技術を売り物にしたサーキットスタジオ「FITS ME」などがあるけど、どちらもイマイチで、今ではマルチフランチャイジーとかメガフランチャイジーと呼ばれる人たちの中では噂話にも上らなくなった。

大企業がフランチャイズによる事業展開に興味を示さない理由は、資金力もあれば人材も豊富なので、**フランチャイズ化を考える以前に、直営型のチェーン展開を考えるから**だ。大企業が求める事業展開では、他社との差別化が主要な課題なので、誰でもできる、素人にもできるというフランチャイズの特徴とは相容れないのだと思う。

87

個人事業主が大企業に対抗するにはフランチャイズビジネスが向いている?

資金力があれば自前で次々と支店を作っていけばいい。多店舗展開のリスクは伴うが、利益を独占できる。フランチャイズ展開しやすいような単純なシステムにする必要もないので、他社との差別化も進められる。

一方で、アイデアはあっても資金のない人はフランチャイズ化しない限り、どんなに儲かる商売でも数年で1店舗増やせればいいほうだ。「サブウェイ」だって、おそらく自分一人でやっていたら一生かけても10店舗程度だったと思う。カーネル・サンダースだって、移転先の店舗をもう一度人気店にするだけで一生が終わっていただろう。

ところがこのフランチャイズってシステム、資金力のなさを他人のお金でやってもらうという持たざる者の手段に留まらなかったから面白い。

どんな大企業でも資金力には一定の限界がある。一方でフランチャイズ化すると、全国津々浦々から参加希望者が現れる。それどころか世界中から引き合いが来る。そして、さらに集合天才によって、無数のフランチャイズ加盟者からの知恵と経験が押し寄せ始める。

ここまでくると弱者による大企業への対抗手段どころか、**弱者であることを利用した壮大な世界戦略**とまで言えるような手法かもしれない。フランチャイズ本部が盤石の基盤を持った大企業ならば、加盟者のほうも文句が言えなくて、集合天才なんて縁がなくなってしまう。

それでなくても地方の実業家って、小さくても一国一城の主だってプライドがあるから、大企業の軍門に降《くだ》るようなことはしたくない。

フランチャイズ加盟の決断がフランチャイザー（主宰者）のキャラによるところが大きいって紹介したけど、意外と姿の見えない大企業の経営者なんて敬遠されて、身近な愛されキャラの社長がいるフランチャイズなら参加してみようと思うみたいだ。

88

「フランチャイズドリーム」って何ですか？

そう、僕がフランチャイズドリームっていう場合、主にはフランチャイザー（主宰者）の成功というよりもフランチャイジー（加盟者）の成功を指しているんだよ。

〝フランチャイズドリーム〟って言葉は僕の造語だけど、アメリカンドリームと同じように、**フランチャイズには誰でも挑戦できて、大成功を収めるチャンスがある**。

これまた結論じみたことから紹介するけど、まずはフランチャイズに加盟して起業する。そのフランチャイズ店を軌道に乗せ、次に多店舗展開する。多店舗展開したことにより収益を得て、さらには経営者としての経験を積み重ね、新たに別のフランチャイズにも加盟する。そこでもまた多店舗展開を図って事業の多角化も推し進め、事業の拡大再生産を加速する。

この本の冒頭でも紹介したように、今ではこのような年商数十億円のマルチフランチャイジーは無数にできた。それどころかここ数年で、**年商数百億円のメガフランチャイジーも次々と登場するようになった**。

「ガリバー」「サンマルク」「牛角」「明光義塾」など、具体的な事業名のほうが認知度が高いので、フランチャイズを取り入れて成功した例としてはフランチャイザーのほうが注目を浴びやすいが、実際にはこれらのフランチャイズ本部を遥かに凌ぐフランチャイジーが生まれている。

このようなことを表す言葉として僕の頭に浮かんだのが〝フランチャイズドリーム〟だった。これ以外に表現のしようがなかった。

89

フランチャイザーとフランチャイジー、最後に得をするのはどっち？

さまざまなフランチャイズができて、フランチャイズ加盟希望者にとっても選択肢が広がったと言えるね。前にも言ったように、フランチャイズの選び方は自分の志向に合わせた業種のほうがいいから、選択肢が増えれば、より自分に合ったフランチャイズを選ぶことができる。

それとフランチャイザー（主宰者）のほうは、まずフランチャイジー（加盟者）を儲かるようにしてから利益を得るという順序を守らなければならないから、初期の段階では試行錯誤もあって時間がかかる。一方でフランチャイズ加盟希望者のほうは、既存の成功事例を参考にして選択するだけだから即断即決も可能になる。

いわばフランチャイジーは、いいとこ取りができるし、失敗したら切り捨てて、新たなフランチャイズに挑戦すればいいだけだ。損切りも乗り換えもできるから、時代の変化に合わせた臨機応変な対応ができる。**だから5勝3敗程度だと難しいが、6勝2敗なら儲かるし、7勝1敗なら大儲けできる。**

それと身軽さってことで言えば、まるで株の売買のように、やっているフランチャイズ加盟店を売ることだってできる。自前のラーメン店なんかだと、たとえ繁盛していても、オーナーが代わると同じ味を出せなくなることが多い。同じ味にならないと、店を引き継いでも常連客の足が遠のいてしまう。

これがフランチャイズのラーメン店ならば、オーナーが代わろうとコックが代わろうと味は変わらない。誰でもできるフランチャイズの加盟店だからこそ、容易に売買できる。

フランチャイジーは身軽なだけじゃない。**レバレッジをかけて一気に躍進することもできる**。最初に加盟したフランチャイズが気に入って、もし他に最適と思われるフランチャイズがないようならば、新規の多店舗化だけでなくフランチャイズ内の既存加盟店を買い取って、そのフランチャイズの中のトップ加盟店になるのも面白い。

商売って、成功だけでなく失敗もあって当然で、自分の失敗だけでなく、人の失敗からも学ぶことが大切になる。失敗の数だけ経験や教訓が身につくものだから、数多くの失敗例を見ることができるのもフランチャイズならではの利点かもしれない。

90

加盟店だからこそのメリットはありますか?

さすがにフランチャイズの本部は、儲かっているフランチャイズがあるからと、他のフランチャイズに加盟するってわけにはいかない。そんなことやっている暇があれば、自分の主宰しているフランチャイズを、もっと盛り上げてほしいと言われることになる。

一方でフランチャイジー（加盟者）のほうは、いくつものフランチャイズに加盟して多角化を図ったほうが、銀行などからの覚えもめでたくなる。「牛角」しかやっていなければ「ああ、焼肉屋さんか」「自前でできないからフランチャイズに加盟したんだな」と思われても、「牛角と武田塾とドトールもやっています」と言えば、やり手の事業家と思われるはずだ。

また、地元の実情に合わせて次々と新規店舗を展開していると思われれば、**地元の有力な実業家として、地方銀行に留まらず、都市銀行の支店や日本政策金融公庫の支店なども放ってはおかなくなる**。ましてフランチャイズの加盟店という、株と同じように売買可能な事業ともなれば、流動性のある資産を持っている企業として信用度はウナギ登りだ。

だからこそ融資も受けやすくなり、今の低金利と相まって、わずか数年で急成長するフランチャイジーの会社が生まれている。

フランチャイジーにとって、フランチャイズドリームを実現する方法を一言で言えば、多店舗展開こそが特徴を生かした経営戦略なのだと常に念頭に置いておくことだ。

そのためにも**フランチャイズ加盟による起業の段階から、次の出店エリアを検討することが欠かせない**。

その上で、人材の育成や自分自身の経営スキルを磨きながら資金力もつけ、多店舗化を果たした次は、そのフランチャイズの中でのトップフランチャイジーとなるか、マルチフランチャイジーを目指して他の業種についての情報収集を始めるかを選択することになる。

91

多店舗経営だと仕事が大変になりそうです……

フランチャイズ加盟社の社長が、自分でやることなんてほとんどないよ。それどころか何もやらないほうがいい。やることなんて、次にどのエリアに進出するかを考えることと、次はどのようなフランチャイズをやるかって考えることぐらいだよ。

それ以外のことはスタッフに任せないと、人材が育たない。それが直営事業との大きな違いだし、現場をどのように運営するかはフランチャイズの本部が考える仕事だから、加盟店の社長が現場に出てとやかく口を差しはさんでも邪魔なだけだ。

さらに本業だけに精進しているような普通の会社の社長ならば、中長期の戦略を考えて計画を立てるという仕事がある。これもフランチャイズ加盟で事業展開する社長には無縁の仕事だ。

年商数億円から数十億円のマルチフランチャイジーだろうと数百億円のメガフランチャイジーだろうと、そんな悠長な事業計画なんてものを立てなくても、その時々でいいものを取り入れればいいだけだ。

ダメになりそうな店舗を切り捨てて、次に流行りそうなフランチャイズへの加盟を模索する。戦国時代の武将の領地にも似た自分のテリトリー。地元を見渡して、欠けているもの、不足している店は何かを考える。あとは人材育成に力を注ぐ。

同じフランチャイズ加盟店の中で、儲かる店と儲からない店の差なんて、立地条件と人材以外には何もない。**だから立地は選べばいいし、人材は育てればいい。**

もし他にフランチャイジーとしての明暗を分けるものがあるとすれば、あとは情報力の差だと思う。ただしこの情報力の差は、たとえばSNSに参加しているかどうかといった些細な違いによるものだ。

実は今、**SNSをやらない限り情報を共有できないフランチャイズは多い**。ここへきて急成長したフランチャイズのほとんどが、Facebookなどをフル活用している。

今の時代、知識や知恵の情報はネット上に溢れている。そのような時代だからこそ、他者と差別化できるのは〝生の情報〟〝リアルタイムの情報〟でしかありえない。

もはやホームページやブログの記事はタイムラグのある情報、過去の情報と見られるようになってしまった。だから怖いのは、ホームページなどの情報が最新情報であるかのように思っている情報弱者になることだ。

それさえ避けることができれば、目の前の、手が届くところにフランチャイズドリームは浮かんでいる。

おわりに

時代とともに、フランチャイズも変わり続ける

カーネル・サンダースが、フライドチキンの調理法を教えて歩合を得るというフランチャイズ方式のビジネスモデルを始めたのは１９５２年です。それからわずか六十数年で、フランチャイズ方式のビジネスモデルは、ありとあらゆる産業に浸透しました。

私がフランチャイズビジネスに出会ったのは30年ほど前ですが、それからの30年間だけを見ても、フランチャイズそのものが大きく変化してきました。**その背景には、急速に発展してきた情報化社会、インターネット社会があります。**

本文でも触れたように、フランチャイズの主宰者であるフランチャイザーも変化してきました。セブン-イレブンの鈴木敏文さんのような先見性のあるカリスマ経営者

から、風通しのいいフランチャイズ組織の象徴とも言える〝愛されキャラ〟の経営者が求められるようになってきました。

フランチャイズの加盟者であるフランチャイジーのほうも、ただ唯々諾々と本部の指示に従うだけでなく、加盟店同士が情報を共有して集合天才の利点を生かす、物言うフランチャイジーになりつつあります。

マルチフランチャイジーやメガフランチャイジーと呼ばれるように、地の利を生かして、機敏にいくつものフランチャイズ組織に加盟して、年商数十億円どころか数百億円規模にまで成長した企業もあります。さらにフランチャイズシステムは、新規事業への参入障壁を打ち砕くことによって、資本の流動化現象を引き起こしています。

今やフランチャイザーも、フランチャイジーも、高度情報化が進む現代社会の中で、いち早く時代の波をとらえたほうが勝者になります。また、このような目まぐるしく変化する状況のもとでは、**フランチャイズという仕組みが他を圧倒する力となる**のです。

フランチャイズは劇薬だ

このフランチャイズという仕組み、本文の中でも弱者の戦略だと書きましたが、資本力や信用力がなくとも、レバレッジを生かした圧倒的な力を発揮することもできれば、スピード感を持った事業展開も可能にしてくれます。

私はことあるごとに「フランチャイズは劇薬である」と言い続けています。レバレッジを生かした圧倒的な力を発揮することも、スピード感を持った全国展開も可能になる反面、効きすぎることも多いのです。圧倒的な力もスピード感も、時として諸刃の剣として自分に返ってきます。

それもレバレッジがかかっているので、コントロール不可能な強大な力で自らに返ってきます。とくにフランチャイザーにとっては、**立ち上げ時のちょっとした油断が、取り返しのつかない大きな障害となって、忘れた頃に襲いかかってくる**こともあります。

劇薬としてのフランチャイズの利点や欠点は、適用する業種によっても大きく変わってきます。だからこそ何よりも大切なのは、フランチャイズシステムがよくも悪くも、想像をはるかに超える劇的な効果を生み出すのだと理解することです。

あえて読者対象を絞り込んでいません

この本の企画について編集者と話し合ったときに幾度も聞かれたのは、「読者対象はフランチャイザーですか？　フランチャイジーですか？」ということです。「視点取得」と言うそうですが、読者対象を絞り込み、読み手の気持ちになって書かれた本でないと売れないというのです。

言われてみればわからない話ではないのですが、さんざん考えた挙げ句に「やはりフランチャイザーとフランチャイジーの両方です」と答えました。今あらためて、この本の原稿を読み直して、それでよかったと思っています。

たとえば、経営者と従業員では立場も異なれば、感じ方や想いも異なると思います。学校の先生と生徒でも立場の違いがハッキリしています。ところがこのフランチャイズという組織、**フランチャイザーとフランチャイジーでは立場がまったく異なるはず**

なのに、それぞれが相手の立場を理解しない限りうまくいかないのです。

すでにこの「おわりに」まで読み進んでくださった読者のみなさんには、ご理解いただけると思います。加盟店が儲かってこそ本部が儲かるという仕組みや、集合天才の利点を生かすための本部の役割などを考えれば、**どちらかの立場を選んで記述することなど不可能**です。

たしかに「儲かるフランチャイズの選び方」や「儲かるフランチャイズ本部の作り方」といった利益誘導型のタイトルのほうが、個々の読者の欲求に合っているのかもしれません。ただし内容まで読者の欲求に合わせるとなると、フランチャイズシステムの本質から離れたものとなります。もしかするとフランチャイズって、本部や加盟店の区別もなく、仲間意識に支えられた組織なのかもしれません。